■广东省决策咨询研究基地
广外国际服务经济研究中心智库丛书

■21世纪海上丝绸之路协同创新中心智库丛书
——"服务经济"系列

■丛书主编：林吉双

我国数字贸易发展现状及对策研究

林吉双　孙波　陈和 等 著

人民出版社

目　录

第三篇 穗深杭数字贸易发展

第 一 篇

全球和中国数字贸易发展

第一章　全球数字贸易发展情况

当前,大数据、云计算等数字技术蓬勃兴起,全世界范围内掀起了一场数字革命,推动了全球数字经济的高速发展,并催生了数字贸易这一新型国际贸易形式。在全球经济运行疲软的背景下,数字贸易为各国经济转型升级提供了新动能,成为拉动世界经济增长和促进国际贸易发展的新引擎。2019年全球数字服务贸易出口规模达31925.86亿美元,逆势增长3.75%,增速超过同期服务贸易和货物贸易,占服务贸易出口额的比重上升至51.96%,占全球全部贸易出口额的比重上升至12.73%。作为数字贸易的重要部分,跨境电子商务在全球贸易中的应用越来越广泛。2019年,全球跨境电子商务持续发展,市场交易规模进一步扩大,全球B2C跨境电商交易规模达到8260亿美元,同比增长22.19%。为抢占新一轮科技革命和产业革命的制高点,掌握数字贸易时代的话语权和主导权,世界主要国家和地区纷纷出台一系列国家级的数字经济和数字贸易发展战略规划,积极推动数字贸易发展,全球数字贸易领域的竞争与博弈日趋激烈。

中国作为全球贸易大国之一,立足全球视野,学习和借鉴其他国家尤其是发达国家数字贸易的发展经验,有助于中国制定和实施数字贸易发展战略,这对经济新常态下的中国实现经济高质量发展、从贸易大国走向贸易强国具有十分重要的意义。

第一节 数字贸易的内涵、特征与分类

一、数字贸易的内涵

随着数字经济的不断发展,数字贸易这一新型贸易形式应运而生。目前,不同国家、不同机构组织和不同学者对数字贸易的内涵和具体内容持有不一样的认识和解读。最初,数字贸易的概念被理解为电子商务。世界贸易组织(World Trade Organization,以下简称WTO)认为电子商务是通过电子方式进行生产、分销、营销、销售及交付产品和服务的。然而有学者指出电子商务仅仅是数字贸易的一部分,不能简单地将两者等同(马述忠等,2018;陈维涛等,2019)。韦伯(Weber,2010)认为数字贸易不仅包括电子商务活动,而且包括通过电子化手段传输有价值的数字化产品和服务的形式。2012年,美国商务部经济分析局指出数字化服务贸易是信息通信技术在促进跨境服务贸易中起重要作用的贸易活动。2013年,美国国际贸易委员会(United States International Trade Commission,以下简称USITC)认为数字贸易是通过互联网传输货物或服务的国内商业活动和国际贸易,主要划分为以下四类:数字内容、社交媒介、搜索引擎和其他数字产品及服务。该定义将数字贸易的标的限定为数字化的产品和服务,而将实体货物排除在外,具有一定局限性,显然与经济现实情况不太相符。

随后,各国和组织机构在此基础上延伸和拓展数字贸易的内涵。2014年,USITC调整了数字贸易的内涵,将其定义为以互联网为基础并且互联网技术在产品和服务的订购、生产及交付环节中起重要作用的贸易活动。这一定义大大拓宽了原有的数字贸易内涵,只要在产品或服务的订购、生产和交付的任一环节中采用了互联网技术即可视为数字贸易,这就将通过数字技术交易的实体货物纳入数字贸易的范畴中,并且该定义将电子商务包含在其中。伦德和马尼卡(Lund和Manyika,2016)在探讨数字贸易对全球化的影响时采用了这一定义。经济合作与发展组织(Organisation for Economic Co-operation and Development,以下简称OECD)在《数字贸易测度手册》中指出数字贸易是通过数字化形式订购或交付产品、服务或信息的交易活动,并从交易范围、交易方式、交易对象和交易参与者四个维度构建数字贸易的内涵框架。按照交易方式的差异,数字贸易具体分为通过数字化形式订购交易标的的跨境贸易、通过平台进行交易的数字贸易以及通过数字化方式交付交易标的的数字贸易三种类型。从贸易参与主体来看,传统国际贸易发生在企业与企业之间(Business-to-Business,以下简称 B2B)或企业与政府之间(Business-to-Government,以下简称 B2G),而数字贸易的行为主体包括企业、消费者和政府,消费者与消费者之间(Consumer-to-Consumer,以下简称 C2C)、企业与消费者之间(Business-to-Consumer,以下简称 B2C)开展交易是数字贸易时代重要的商业模式。日本在 2018 年的《通商白皮书》中提出数字贸易是基于互联网技术,向消费者提供商品、服务和信息的商务活动(蓝庆新和窦凯,2019)。与 OECD 对数字贸易的定义相比,尽管这一定义精准地描述了数字贸易开展所依赖的方式以及交易标的,但将交易主体限定为消费者,显然具有局限性。洛普兹和费伦卡(Lopze 和 Ferenca,2018)认为数字贸易是以数字方式或实物方式交付商品和服务的数字化交易。澳大利亚政府认为数字贸易不仅包括在线上购买商品和服务,还包括信息和数据的跨境流动。2017 年,美国贸易代表办公室认为数据流、实现智能制造的服务及其他相关的平台和应用也属于数字贸易的范畴。

二、数字贸易的特征

(一)虚拟化

数字贸易存在与运作的技术基础是现代信息通信技术,这使得数字贸易在贸易生产、交易、运输等环节呈现虚拟化、数字化的特征。首先,传统贸易的标的主要为实体货物和服务,通常是由固定的生产工序加工而成,具有各种物理特性、化学性质。而在数字贸易中,生产过程中使用虚拟化的数字化知识和信息。其次,交易环节往往是在虚拟的互联网平台上开展和实现的,并且交易双方通常使用虚拟化的电子支付方式。最后,传统贸易的实物贸易依赖于物理交通工具和基础设施才能从卖方运送至买方,而在数字贸易中,数字化产品和服务的运输可以通过虚拟化的方式实现。

（二）平台化

在数字贸易中，数字化平台是数字贸易高效有序运转的重要载体。基于数字化平台，贸易活动的有关当事人集聚在一起进行在线沟通互动，卖家通过数字平台展示产品和服务、接受订单等，买家通过数字平台搜索产品和服务、在线订购和支付等，高效地实现数据、产品和服务供需信息的对接以及交易的达成。此外，数字化平台为企业之间开展研发、创新和生产等活动的协同合作提供了重要的支持，使得产业链上下游、供应链各方能够高效沟通、及时获取信息和享受技术溢出带来的协同创新效应。

（三）集约化

在数字贸易中，贸易活动主要通过数字化方式实现。互联网、大数据等数字技术与贸易的各个环节深度融合，促进产品和服务的研发设计、生产制造、市场营销、交易订购、支付结算、运输交付、海关通关、售后服务等贸易环节数字化、集约化运作和管理，不仅可以实现精准的供需匹配，促进要素资源的集约化投入，减少库存积压的情况出现，而且大大减少了中间环节，降低了信息搜寻成本和运营成本等贸易成本，减少了信息不对称，有效提升了贸易效率。

（四）普惠化

在以信息通信技术为基础的数字贸易中，交易主体不仅包括大型跨国公司，而且中小型企业和个人消费者也直接参与到贸易活动中，使得这些在传统贸易中处于弱势地位的群体能够获取和享受贸易红利。一方面，数字贸易通过运用信息通信技术实现了供需双方的直接交易行为，例如 B2C、C2C 等新型商业模式使得消费者可以直接参与到贸易活动中；另一方面，相比于传统贸易，数字技术的创新和广泛应用降低了参与贸易活动的门槛，使得中小企业也有机会走上国际轨道、参与国际贸易，而不再局限于大型跨国企业。

（五）个性化

大数据、云计算等数字技术的创新和运用畅通了信息交流渠道，为交易主体开展即时互动交流提供了高效便捷的媒介和手段。这不仅使得生产者、经营者可以及时地获取、分析市场的行业信息、供需信息，精准地了解消费者的偏好和需求，而且使得消费者可以通过互联网平台、移动设备端等渠道直接参与到贸易活动中，与供给方进行沟通，提出自身的需求。根据消费者个性化需求提供定制化、差异化、多样化的产品和服务,满足消费者个性化需求,成为数字贸易的重要特征。

三、数字贸易的分类

数字贸易就是指运用互联网技术和基于互联网技术开展的货物、服务和数字数据等交易、资金结算和产品服务送达的商业活动。它主要包括以下两个方面:

(一)运用互联网技术开展的货物贸易和服务贸易

1. 运用互联网技术开展的货物贸易

运用互联网技术开展的货物贸易是指通过互联网达成货物交易、资金结算和产品送达的商业活动,即货物贸易的数字化,通常指货物跨境电商(下称货物跨境电商)。

2. 运用互联网技术开展的服务贸易

运用互联网技术开展的服务贸易是指通过互联网达成服务交易、资金结算和服务送达的商业活动,即服务贸易的数字化,也可称服务跨境电商或服务跨境交付(下称服务跨境交付)。服务贸易的跨境交付情况如表1-1所示。

表1-1 运用互联网技术开展服务贸易的跨境交付情况

类型	跨境交付占比
传统服务贸易	1. 旅行服务与互联网结合紧密,旅行服务跨境交付占比高 2. 运输服务与互联网结合较紧密,运输服务跨境交付占比可能不够高 3. 建筑服务与互联网结合程度低,建筑服务跨境交付占比可能很低
现代服务贸易	1. 电信计算机和信息服务、文化娱乐属数字数据服务,完全通过互联网跨境交付 2. 知识产权和技术服务贸易可完全通过互联网进行跨境交付 3. 金融保险和其他商业服务等服务贸易可与数字信息技术紧密结合,实现服务贸易跨境交付 4. 在线教育、医疗、咨询和互娱等服务可实现实时跨境交付 5. 维修维护、加工服务和政府服务等服务贸易可以部分实现跨境交付

注:梅冠群发表在2020年第4期《全球化》上的《全球数字服务贸易发展现状及趋势展望》一文中认为,全球服务贸易出口中的50%已经实现了数字化,我们认为服务贸易跨境交付的比例对于发达国家来说可能占比更高,发展中国家只是因为其传统服务出口占比高而影响了服务跨境交付占比,但服务贸易跨境交付的实际情况仍然会高于50%。

(二)基于互联网技术开展的服务外包和数字数据贸易

1.基于互联网技术开展的服务外包

基于互联网技术开展的服务外包是指企业基于互联网技术将价值链中原本由自身提供的具有基础性、共性、非核心性的 IT 业务和基于 IT 的业务流程剥离出来,外包给企业外部专业服务提供商来完成的商业活动,即数字数据贸易化,主要包括信息技术外包、业务流程外包和知识流程外包等。

2.基于互联网技术开展的数字数据贸易

基于互联网技术开展的数字数据贸易是指基于互联网技术开展的数字产品、数据服务、数字平台服务等服务交易、资金结算和服务送达的商业活动,即数字数据贸易化。数字数据贸易化的具体情况如表 1-2 所示。

表 1-2　基于互联网技术开展的数字数据贸易化情况

类型		具体内容
数字产品	数字工具服务	软件产品和软件服务
	数字内容服务	数字图书、数字影视、数字音乐、数字游戏、数字动漫等
数据服务	信息服务	数据采集、传输、存储和处理,卫星定位和导航服务等
数字平台服务	云计算服务	包括 IaaS、PaaS、SaaS 提供的服务
	社交媒体和搜索引擎服务	广告服务、新闻服务、科技金融服务等
	其他数字平台服务	工业互联网和跨境电商平台等提供的服务

第二节　全球数字贸易发展概况

一、全球数字贸易发展现状

(一)全球数字贸易发展迅猛

当前,数字贸易蓬勃发展,逐渐成为数字经济时代重要的贸易形式。据统计,全球服务贸易数字化程度超过 50%,跨境货物贸易中超过 12% 是通过数字化平台完成。联合国贸易和发展会议统计数据显示,2005—2019 年,全球数字服务贸易出口规模由 12027.60 亿美元迅速增长至 31925.86 亿美元,年平均增长率为 7.46%,在服务贸易出口总额中的占比从 44.92% 上升至 51.96%(见图 1-1),在全部贸易出口总额中的占比从 9.13% 增长至 12.73%。从数字服务贸易结构来看,2019 年,其他商业服务、ICT 服务、金融服务、知识产权服务、保险服务、个人文娱服务的出口规模分别为 13998.50 亿美元、6782.20 亿美元、5204.40 亿美元、4091.70 亿美元、1370.30 亿美元、821.90 亿美元,在数字服务贸易出口总额中的占比相应为 43.40%、21.00%、16.10%、12.70%、4.20% 和 2.50%[①]。

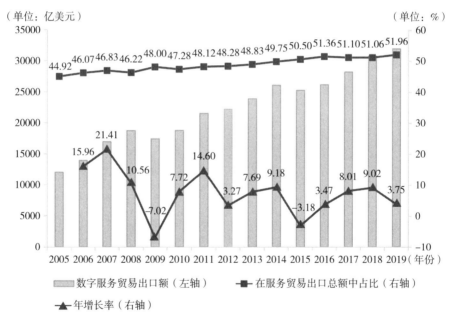

图 1-1　2005—2019 年全球数字服务贸易出口情况

资料来源:原始数据来源于联合国贸易和发展会议数据库,见 https://unctadstat.unctad.org/EN/,根据原始资料计算整理所得。

[①]　根据联合国贸易和发展会议报告(2015),其他商业服务和个人文娱服务分类下的服务并非全部可以跨境数字交付,部分为不可数字交付服务。但鉴于数据可得性问题,计算中难以剔除不可数字交付服务的部分,因此最终各项数字服务贸易的占比总和为 99.9%,剔除掉的 0.1% 为不可数字交付服务的占比。

2014 年以来,全球跨境电商行业快速兴起,跨境电商交易规模持续增长,跨境电商所带来的贸易量已成为数字贸易总量的重要组成部分之一。统计数据显示,2019 年全球 B2C 跨境电商交易规模达到 8260 亿美元,同比增长 22.19%,相比于 2014 年全球跨境电商市场规模扩大了 2.50 倍,2014——2019 年市场规模年平均增速达到 28.52%。2020 年,全球 B2C 跨境电商交易规模预计将达到 9940 亿美元。

近年来,随着云计算、大数据等数字技术的蓬勃兴起,云计算服务、数据服务等快速发展。2019 年,以基础设施即服务(Infrastructure as a Service,以下简称 IaaS)、平台即服务(Platform as a Service,以下简称 PaaS)和软件即服务(Software as a Service,以下简称 SaaS)为代表的全球云计算市场规模达到 1883 亿美元,同比增长 20.86%。预计到 2023 年市场规模将超过 3500 亿美元。进入数字化时代,全球数据量飞速增长,推动全球大数据市场规模不断扩张。2019 年,全球大数据市场规模达到 596 亿美元,同比增长 8.56%,而 2020 年市场规模预计将进一步增长至 663 亿美元。

随着网络宽带、云服务等信息通信技术基础设施的不断完善,手机和电脑等移动设备的普及,游戏、流媒体、电子书、数字音乐等数字内容行业快速兴起,逐渐成为推动全球数字贸易发展的重要力量之一。2016 年,全球数字内容市场规模达到 895 亿美元,其中视频游戏、视频点播、电子出版物、数字音乐等四类数字内容行业的市场规模分别达到 489 亿美元、162 亿美元、153 亿美元和 91 亿美元,占比分别为 54.64%、18.10%、17.09% 和 10.17%。2019 年,全球数字内容行业市场规模达到 1577.01 亿美元。

(二) 发达经济体领先发展,美日欧占据主导地位

凭借雄厚的经济实力和先进的科技水平,发达经济体在数字贸易领域具备显著的发展优势。从出口规模来看,2019 年,发达经济体和发展中经济体的数字服务贸易出口规模分别为 24309.98 亿美元和 7203.95 亿美元,发达经济体的数字服务贸易出口规模是发展中经济体的 3.37 倍。从国际市场占有率来看,2005——2019 年,发达经济体数字服务贸易出口额的国际市场占有率平均达到 79.36%,远远高于同期发展中经济体的国际市场占有率 19.31%。

1. 美国数字贸易发展现状

美国是率先制定和发布数字经济和数字贸易发展战略的国家,也是全球最早开始探讨和定义数字贸易内涵的国家,这为美国数字贸易的高速发展提供了良好的政策环境和强大的推动力。2019 年,美国数字服务贸易出口额为 5341.80 亿美元,相比于 2005 年出口规模扩大了 1.65 倍,占服务贸易出口总额比重达到 60.99%,在全部贸易出口总额中占比达到 21.21%。从市场规模来看,美国 2019 年的数字服务贸易出口额的国际市场占有率高达 16.7%,蝉联全球第一。从长期发展速度来看,2005—2019 年,美国数字贸易发展迅猛,数字服务贸易出口规模稳步增长,年平均增长率达到 7.36%。此外,美国数字服务贸易出口额占服务贸易出口总额的比重从 2005 年的 53.55%增长至 2019 年的 60.99%,增长了 7.44 个百分点,数字服务贸易出口规模的扩大不仅有效地带动了美国服务贸易出口额的增长,而且对美国实现服务贸易顺差产生了重要的贡献。

从微观基础来看,美国拥有诸如亚马逊、谷歌、微软等能够提供云服务的全球互联网公司巨头,为美国发展数字贸易提供了坚实的微观基础和广阔的发展前景。以亚马逊为例,2019 年全球云计算支出猛增 37.60%,达到 1071 亿美元,其中亚马逊的研发投入排名全球第一,全年对基础设施云服务的研发支出达到 34.60 亿美元,是中国研发投入最多的华为公司的两倍。同年,全球云 IaaS 的总体市场规模达 445 亿美元,亚马逊的市场份额达到 45%,远高于微软、谷歌、阿里巴巴等企业的国际市场占有率。

2. 欧盟数字贸易发展现状

欧盟先后发布《欧洲数字经济议程》《数字单一市场战略》《迈向数字贸易战略》《数字欧洲计划》等战略规划,大力破除欧盟区内数字贸易的市场壁垒,积极推进数字化基础设施建设,致力于打造区内数字单一化市场。此外,欧盟积极完善和统一区内相关的法律规范和规章制度,为数字贸易发展提供良好的制度环境。2018 年,欧盟先后颁布《通用数据保护条例》和《非个人数据在欧盟境内自由流动框架条例》,以法律形式保护欧洲公民个人数据和非个人数据在境内流动的自由性。2005—2019 年,欧盟数字服务贸易出口规模从 6607.73 亿美元增长至 15619.98 亿美元,扩大了 1.36 倍,在服务贸易出口总额中的占比从 50.73% 提升至 58.74%,年平均增长率达到 6.63%。从市场规模来看,2019 年欧盟数字服务贸易出口规模的国际市场占有率则达到 48.93%,在全球各区域中排名第一。

3. 日本数字贸易发展现状

日本相继颁布"e-Japan"战略、"u-Japan"战略、"i-Japan 战略"等战略规划,积极推动智能制造和高端数字技术人才培养,引导企业向数字化方向发展,促进数字技术与各行业的融合,极力促进经济和贸易数字化转型。2019 年,日本数字服务贸易出口额达到 1160.65 亿美元,同比增长 9%,相比于 2005 年规模扩大 2.64 倍,国际市场占有率达到 3.64%。从发展速度来看,日本 2005—2019 年的数字服务贸易出口额年平均增长率达到 7.60%,高于美国和欧盟同期的平均增速。

4. 英国数字贸易发展现状

英国先后出台《数字英国法案》《英国 2015—2018 年数字经济战略》《英国数字战略》等政策文件,将数字化作为应对不确定性、重塑国家竞争力的重要举措。2005—2019 年,英国数字服务贸易进出口规模稳步扩大,其中数字服务贸易出口额从 1763.93 亿美元增长至 3072.66 亿美元,年平均增长率达到 4.42%。当前,英国成为全球数字服务贸易供给的核心来源地之一。2019 年,英国数字服务贸易出口规模的国际市场占有率达到 9.62%,排名全球第二,仅次于美国。

(三) 中国在全球数字贸易发展格局中占据重要地位

近年来,中国跨境电子商务快速发展,市场规模不断扩大。据 eMarket 统计,中国 2019 年跨境电子商务进出口规模从 2015 年的 57.84 亿美元增长至 270 亿美元,年平均增速达到 50.80%。得益于跨境电子商务的蓬勃发展,中国的数字贸易快速兴起,在全球贸易体系中扮演着越来越重要的角色。2019 年,中国数字服务贸易出口规模达到 1435.48 亿美元,相比于 2005 年,15 年间增长了 8.27 倍,年平均增长率高达 19.26%,国际市场占有率增长了 3.05 个百分点达到 4.50%。

(四) 新兴经济体逐步崛起

近年来,凭借巨大的市场潜力,发展中经济体的数字贸易规模呈现逐步扩大的态势。2005—2019 年,发展中经济体的数字服务贸易出口额从 1773.01 亿美元增长至 7203.95 亿美元,扩大了 3.06 倍,年平均增长率达到 10.91%,远高于同期发达经济体的平均增速 6.67%。与此同时,近年来新兴经济体在数字贸易领域不断崛起,数字贸易规模日趋扩大。2019 年,新兴经济体的数字服务贸易出口额达到 7608.19 亿美元,相比于 2005 年扩大了 3.24 倍,国际市场占有率增长了 8.90 个百分点达到 23.83%。2005—2019 年,新兴经济体数字服务贸易出口额的年平均增长率达到 11.31%,高于同期发达经济体的平均增速。

1. 印度数字贸易发展现状

印度在 2015 年提出了"数字印度",该倡议聚焦于发展电子政务、发展远程医疗和移动医疗服务,加强网络基础设施建设,提高互联网普及率,特别是落后的农村地区。[①] 随着数字贸易政策的出台和实施,印度数字贸易快速发展。2019 年,印度数字服务贸易出口规模达到 1479.79 亿美元,同比增长 11.37%,国际市场占有率达到 4.6%,在全球排名第 6 位。从发展速度来看,2005—2019 年印度数字服务贸易出口规模稳步扩大,年平均增长率达到 11.05%。

2. 俄罗斯数字贸易发展现状

2017 年,俄罗斯颁布《俄罗斯联邦数字经济规划》,该规划以打造良好的数字经济生态系统、推动高技术产业发展、提高俄罗斯微观企业国际竞争力为目标,对加快信息通信基础设施建设、增强科研实力、完善技术储备和提高信息安全作出了详细规划。2019 年,俄罗斯数字服务贸易出口规模达到 211.54 亿美元,同比增长 1.12%,国际市场占有率达到 0.66%。尽管目前俄罗斯数字贸易规模有限,但从增长速度来看,俄罗斯数字贸易发展态势迅猛。2005—2019 年,俄罗斯数字服务贸易出口额的年平均增长率达到 8.64%,增速位居全球前列。

3. 巴西数字贸易发展现状

巴西在 2018 年颁布《巴西数字化转型战略》,该战略旨在积极推动数字

[①] 资料来源于工业和信息化部电子科学技术情报研究所:《世界信息化发展报告(2015—2016)》,社会科学文献出版社 2016 年版,第 248—267 页。

技术的研发和应用,提高国家整体数字化程度,将巴西建设成为数字强国。2019 年,巴西数字服务贸易出口额从 2005 年的 72 亿美元增长至 208.09 亿美元,扩大了 1.89 倍,年平均增长率达到 9.09%,有力地推动了巴西数字贸易的发展。

二、全球数字贸易规则制定情况

(一)全球尚未形成统一的数字贸易规则体系

作为新型贸易形式,数字贸易对原有的国际贸易体制机制、规则制度、监管执法等方面产生了巨大的冲击和挑战(李忠民等,2014)。尽管世贸组织现有的贸易协定部分内容涉及了数字贸易,但这些协定是基于传统货物贸易和服务贸易达成的规则框架,并不完全适用于数字贸易,不能科学地指导数字贸易发展,更不能有效、合理地化解数字贸易所带来的新贸易壁垒。

而在数字贸易新规则制定过程中,由于现阶段各国的数字贸易发展水平存在较大差异,各国地缘政治、法律制度、产业发展、人文价值等方面也存在显著差异,因而各国对数字贸易发展的利益诉求和发展理念不同,在跨境数据流动、知识产权、市场准入、数字税、无纸化贸易等问题上持有截然相反的意见和主张,存在较大分歧。以美国、欧盟和日本为代表的发达经济体主张消除数字贸易壁垒、开放全球数字贸易市场、推行数字产品和服务贸易自由化以及反对强制技术转让,但美国和欧盟在跨境数据自由流动上存在较大的分歧,美国倾向于实现数据和信息自由化流动,而欧盟则倾向于将保护个人数据隐私放在首位,对跨境数据自由流动作出了较多的限制。而中国、俄罗斯等基于跨境电商而发展起来的新兴数字贸易国家,对数字贸易规则的制定主要侧重于跨境电子商务,强调在全面促进跨境电子商务发展的同时维护国家安全和保护消费者权益,实行严格的数据监管、网络平台管理、本地准入等限制政策。当前,全面、统一、规范、透明的全球数字贸易规则体系尚未建立。

(二)美欧积极推进全球数字贸易规则体系的构建

作为全球两大数字贸易主体,美国和欧盟不仅数字贸易发展水平在全球处于领先地位,而且在数字贸易规则制定方面也具有很强的主导权和话语权。当前,基于自身的数字贸易发展现状和利益诉求,美国和欧盟积极推进全球数字贸易规则体系的构建,分别形成了"美式模板"和"欧式模板"数字贸易规则,对全球数字贸易发展产生了重要的影响。

1.美国积极构建和推广"美式模板"的数字贸易规则体系

(1)积极推进数字贸易基础理论研究

在构建"美式模板"数字贸易规则体系过程中,美国非常重视数字贸易基础理论的研究。USITC 在 2013 年、2014 年和 2017 年先后提出《美国和全球经济中的数字贸易Ⅰ》《美国和全球经济中的数字贸易Ⅱ》以及《全球数字贸易 1:市场机会与外国贸易限制》三份关于数字贸易的研究报告,这三份研究报告不仅探讨了数字贸易的内涵,而且分析了美国数字贸易发展所带来的经济效益及其面临的各种壁垒,为美国构建"美式模板"数字贸易规则体系提供了理论参考。

(2)通过不同层面的贸易协定谈判构建"美式模板"数字贸易规则

第一,在 WTO 框架下开展关于数字贸易规则的谈判,提出相关主张,逐步形成"美式模板"数字贸易规则体系。1998 年,美国在 WTO 部长级会议上提出电子商务永久免税、促进电子商务自由化的建议。2018 年,美国向 WTO 总理事会提议开展包括数据自由流动、数字产品公平待遇、保护隐私、数字安全、促进互联网服务、竞争性电信市场和贸易便利化七项议题在内的电子商务谈判这一议题文件。这些议题的相关规则大部分都超出了 WTO 框架下的货物贸易、服务贸易或贸易相关知识产权等协定的范畴,显露了美国推动"美式模板"数字贸易规则国际化的野心。例如该议题文件提出成员方不得要求企业设立或购买本地的数字基础设施、不得要求企业披露源代码或算法、确保企业能够选择使用安全的加密技术等。

第二,通过双边谈判落实"美式模板"数字贸易规则。2012 年,美国与韩国签署《美韩自由贸易协定》,明确规定在负面清单的基础上给予数字产品非歧视待遇,尽力避免对电子信息的跨境流动设置不必要的障碍,促进双方数字贸易自由化。2019 年,美国贸易代表办公室对外公布的《贸易谈判摘要》显示美国在与欧盟的谈判中明确要求免除数字产品的关税并给予非歧视待遇,不允许欧盟采取措施限制跨境数据自由流动以及要求美国将跨境数据流的相关数据库和服务器设置在欧洲大陆。同年,美国与日本正式签署《美日数字贸易协定》,该协定包含了确保数字产品的非歧视待遇、所有供应商(包括金融服务供应商)均可跨境传输数据、禁止采取数据本地化措施限制数据存储等11项内容,这些条款在美国签署的其他贸易协定和谈判中有不同程度的体现,并正成为美国与其他经济体开展数字贸易相关谈判的重要参考。该协定的达成进一步强化了美国对全球数字贸易规则制定的领导权和话语权,将对全球数字贸易发展产生重要影响。

第三,通过区域和次多边谈判积极推进数字贸易新规则的制定,拓展"美式模板"数字贸易规则体系。美国以跨太平洋伙伴关系协定、跨大西洋贸易与投资伙伴协定、国际服务贸易协定为重要抓手,积极推进和主导数字贸易新规则的谈判。尽管特朗普政府明确退出跨太平洋伙伴关系协定框架,但在美国的主导和推动下,该协定倡导推进数字贸易自由化的各项规定无不反映着美国对数字贸易规则的核心诉求,包括主张互联网保持自由开放,禁止对数字产品收取关税,禁止实施歧视性措施和本地化策略,禁止要求公司向本国转让技术、生产流程或专有信息等。此外,跨太平洋伙伴关系协定将电子商务作为单独章节专门列出,不仅对货物的跨境流动作出了规定,而且制定了系统的"跨境数据和信息流动"规则。这些规则包括确保数据自由流动、数字产品、电子认证、电子传输、个人信息、无纸贸易、电子商务网络的接入和使用、计算设施的位置、网络安全事项合作、源代码、争端解决等一系列内容。2018年,美国、墨西哥、加拿大三个国家签署《美国—墨西哥—加拿大协定》并取代1994年生效的《北美自由贸易协定》,该协定首次将数字贸易单独成章,规定对数字产品实施零关税、确保跨境数据的自由流动、取消数据本土化限制、推行电子化签名和认证、开放政府公共数据,但禁止企业披露专有计算机源代码和算法、限制互联网平台对其托管或处理的第三方内容的民事责任。

(3)美国关于数字贸易规则的主张和核心诉求

总体来看,美国在数字贸易规则上的基本主张和核心诉求可以归结为如下几点:第一,主张跨境数据和信息自由流动,各国不能设置贸易壁垒或采取歧视性措施阻碍跨境数据自由流动,同时反对数据存储和相关设备本地化的限制要求。第二,主张各国政府应给予数字产品非歧视待遇,永久性地实施数字产品免税政策,实现电子传输关税豁免的永久化。第三,主张保护知识产权,强烈反对各国政府要求在其境内的美国企业披露源代码、商业机密或专用算法,禁止强制性技术转让,并且反对各国以企业共享源代码、商业机密、算法或转让相关技术为本地市场准入条件。第四,主张互联网保持自由开放,禁止实施网络封锁,反对采取网页拦截和过滤等限制性措施阻碍数字化信息的自由流动。第五,主张数字贸易便利化,推行电子签名和认证、无纸化贸易等措施以简化数字贸易流程和手续,并提出对跨境包裹设置合理的免关税门槛。

2. 欧盟积极构建和推广"欧式模板"的数字贸易规则体系

(1)通过各项政策和贸易协定构建"欧式模板"数字贸易规则

欧盟在制定和推行一系列关于数字贸易发展的政策措施、法律文件和行动计划过程中初步形成关于数字贸易规则的主张和理念,并通过贸易协定谈判构建和落实"欧式模板"数字贸易规则。相比于"美式模板"数字贸易规则,"欧式模板"数字贸易规则尚未形成相对完整的体系,零散地分散在各自由贸易协定的各个章节以及欧盟委员会颁布的各项政策和法令中。

2009 年,欧盟先后发布《数字红利战略》和《未来物联网战略》,开始聚焦于欧盟数字技术的发展,提出欧盟要在基于互联网的智能基础设施发展上领先全球。2010 年,欧盟委员会编制《欧洲数字议程》,分析了欧盟信息技术发展面临的七个障碍,并提出创建统一的数字市场、改善信息技术标准和兼容性、增强互联网信任与安全、提高宽带覆盖、加强研发投入、提高全民数字素养、运用信息通信技术应对社会各类重大挑战七大优先发展行动。2015 年,欧盟颁布《欧洲数字单一市场战略》,提出要打破欧盟境内数字贸易壁垒,实现欧盟境内数据自由流动,全力构建以"为消费者和企业提供更好的数字产品和服务"、"为欧洲数字网络和服务蓬勃发展创造良好的发展环境"和"促使欧洲数字经济增长潜力实现最大化"为三大发展支柱的数字化统一市场。2017 年,欧盟委员会出台《迈向数字贸易战略》,该战略明确表示反对各种形式的数字贸易保护主义,保障消费者的基本权益,同时强调要加强公民隐私和个人信息保护。围绕数字单一市场这一战略目标,欧盟此后进一步出台《数字欧洲计划》《塑造欧洲的数字未来》等一系列政策措施和行动计划,力图清除境内阻碍数字贸易发展的障碍。

欧盟高度重视网络安全治理,在促进欧盟境内数据自由流动的同时,不断通过立法的形式严格保护个人隐私和数据安全,是"欧式模板"数字贸易规则的鲜明特征之一。2015 年,欧盟废除《安全港协议》,并在次年与美国签订《隐私盾协议》,该协议对美国公司保护欧盟公民个人数据作出了更高的安全要求。2018 年,《通用数据保护条例》正式出台,该条例明确规定数据主体的多项权利,并加强数据使用者的责任。该条例的适用范围不仅仅局限于欧盟境内数据控制者和处理者,为欧盟境内的数据主体提供商品或服务但不在欧盟境内的数据控制者和处理者也在其管辖范围内。2019 年,欧盟委员会正式实施《非个人数据自由流动条例》,进一步对欧盟境内非个人数据自由流动、本地化要求、主管当局获取数据权力、数据服务和传输等相关问题作出了更为具体的规定(谢兰兰,2020)。

与此同时,欧盟在双边和多边贸易谈判框架下积极推进和主导数字贸易规则的制定,通过签署的多个自由贸易协定,提出了一系列有关数字贸易的章节内容,如"电信章"、"金融章"、"投资章"以及"知识产权章"等,最终形成了"欧式模板"数字贸易规则。欧盟所签订的这些贸易协定中,《欧盟—智利自由贸易协定》是第一个载有大量数字贸易条款的欧盟区域贸易协定,代表着"欧式模板"的雏形(韩剑等,2019)。该协定提出协定中贸易和服务章节的内容不适用于视听服务和文化产品,反映了欧盟在数字贸易规则上一贯的立场,坚守"视听例外"这一红线是"欧式模板"数字贸易规则的另一鲜明特点。随后签订的《欧盟—韩国自由贸易协定》对破除数字贸易关税和非关税壁垒、开放服务贸易市场和电信市场作出了更为具体和具有约束力的规定。相比于《欧盟—智利自由贸易协定》中谨慎的"软性语言",《欧盟—韩国自由贸易协定》的措辞更具"进攻性",反映出欧盟在数字贸易规则制定上的灵活性(周念利、陈寰琦,2018)。2016 年,欧盟与加拿大签署《综合经济和贸易协定》,该协议首次将电子商务作为独立章节列出,制定了更为详细的条款以促进电子商务便利化,同时该协议引入 TRIPs-plus 标准,进一步提高知识产权保护水平。然而,是否给予数字贸易"最惠国待遇"和"国民待遇","欧式模板"数字贸易规则目前尚未作出明确规定(周念利、陈寰琦,2018)。

(2)欧盟关于数字贸易规则的基本主张和核心诉求

围绕构建数字单一市场这一战略目标,"欧式模板"的数字贸易规则的基本主张和核心诉求可以总结为如下几点。第一,主张在有效的监管下,推进欧盟境内数据自由流动,原则上要求数据在境内存储、处理和访问。同时坚守"视听例外"和"隐私保护"两条红线,将文化部门排除在最惠国待遇的条例之外,欧盟及其成员国致力于在区域内构建完备而统一的法律体系,规范和监管企业在收集、处理及应用个人数据和信息方面的行为。第二,主张数据存储本地化,要求企业在本地建立数据存储服务器和相关设备。例如,欧盟成员国如法国和德国积极投资数字化基础设施,致力于将本国数据存储、处理国内化(段平方、候淑娟,2019)。第三,主张保护知识产权。一方面,欧盟注重源代码的保护,反对贸易缔约国以强制性技术转让作为市场准入条件;另一方面,欧盟明确支持数字内容的创作者在具备版权证明材料的条件下向互联网公司收取相关费用(刘毅群等,2020)。第四,主张征收数字服务税,并致力于构建区内统一的数字贸易税收规则和政策制度。

（三）发展中国家开始探索数字贸易规则的制定

近年来,发展中国家数字贸易逐步发展起来,开始重视数字贸易规则的制定,并展开了积极的探索。作为基于电子商务而兴起的数字贸易大国,中国对于数字贸易规则的制定主要着眼于在全球范围内达成推动跨境电商发展的相关准则,围绕电子商务议题积极推进双边和多边贸易协定谈判。2016年,中国向WTO总理事会提交了《中国关于电子商务议题》的提案。在《中国—韩国自由贸易协定》和《中国—澳大利亚自由贸易协定》中,中国首次将"电子商务"作为独立章节列出,对关税、电子验证和电子签章、线上消费者保护以及无纸化贸易作出了明确的规定。2019年,中国正式实施《中华人民共和国电子商务法》,对电子商务经营者、电子商务合同的订立与履行、电子商务争议解决、电子商务促进和法律责任等作出了详细的规定。2014年,俄罗斯签署法令《就"进一步明确互联网个人数据处理规范"对俄罗斯联邦系列法律的修正案》,明确提出严格的数据监管要求,规定运营商搜集、记录、整理、存储、核对(更新、变动)和提取俄罗斯公民数据必须使用位于境内的数据库。此外,印度、巴西、印度尼西亚等新兴国家和发展中国家也通过多个渠道积极参与数字贸易规则的制定,在各自参与的贸易协定谈判中试图提出各自的利益主张。但是,总体来看,由于数字贸易发展水平相对滞后,新兴经济体和发展中经济体尚未形成成熟、完整的数字贸易规则体系,与美欧日发达国家仍存在较大的发展差距。

第三节　全球数字贸易发展机遇和挑战

一、全球数字贸易发展面临的机遇

（一）数字技术革命提供技术支撑

当前,数字技术正处于融合发展、系统创新、集成突破的上升期。各国不断提升技术创新在经济社会发展全局中的战略性地位,不断加强5G网络、大数据、云计算、区块链、人工智能、工业互联网等数字技术研发和创新,为数字贸易的发展提供了坚实的技术基础和关键支撑。随着各项数字技术广泛运用到各个领域,与各领域的技术、业务、模式形成融合创新效应,这不仅有助于提高各项数字技术的通用性、便捷性、适用性,拓展应用深度和宽度,而且能够催生各行业领域的技术创新和业务创新,进而加速数字技术更新迭代,促进各项数字技术应用场景和模式的突破创新,从而有效满足数字贸易实时获取供需信息、推进环节精简高效以及业务多样化发展的现实需求,激发数字贸易发展活力。

（二）数字经济发展打造产业基础

近年来,全球数字经济发展规模持续扩大,2019年全球数字经济增加值达到318415亿美元,同比增长5.30%,占GDP的比重进一步提升至41.5%。[1]全球数字经济的蓬勃发展,促进了各项数字技术与零售、金融、加工、医疗、教育等行业深度融合和创新发展,有力推动了传统产业数字化水平、网络化水平和智能化水平的逐步提升,为数字贸易发展打造了坚实的产业基础。为加快制造业数字化转型,各国纷纷出台智能制造、工业4.0、互联工业等战略举措,着力将各项数字技术应用、融合至制造业研发、生产、运营、服务

---

[1]　数据来源于中国信息通信研究院.《全球数字经济新图景（2020年）——大变局下的可持续发展新动能》,中国信息通信研究院2020年版。

等各环节,如美国的《联邦大数据研发战略计划》《智能制造振兴计划》,英国的《产业战略:人工智能领域行动》,德国的《工业战略2030(草案)》,中国的《关于推动工业互联网加快发展的通知》,日本的《利用数字技术促进工业转型的方案》,等等。这些制造业数字化转型政策集聚于前沿技术的研发与制造业的融合发展,有利于扩大数字贸易范围,打开了数字贸易发展的新蓝海,为数字贸易发展奠定了良好的产业基础。

（三）全球数字基础设施逐步完善

新一代信息技术基础设施是各国数字贸易发展的重要基石。近年来,各国积极推进5G、大数据中心、物联网等信息化、数字化基础设施的建设,如巴西的“智慧巴西”计划、印度尼西亚的“2020年迈向数字化愿景”、德国的“数字议程”、加拿大的“连接每一个加拿大人”等,有效提高了各国和地区网络信息通达程度和普及程度。2019年,全球网络信息通信的覆盖率进一步提升,全球网民总数达到41亿人,同比增长5.3%,互联网渗透率从2005年的16.8%提升至53.6%,其中全球移动宽带渗透率达到83%,而全球固定宽带渗透率达到19.9%。据统计,疫情期间,全球有100个新的超大规模数据中心投入运营。新型基础设施条件的逐步改善,加快了供需、行业等市场信息的流通,为数字贸易企业采集、存储和应用相关数据从而高效地统筹调配交易、生产、配送等贸易环节提供了重要的支持,加速了贸易活动数字化转型升级(钞小静等,2020)。

（四）疫情拓宽数字贸易发展空间

突如其来的新冠肺炎疫情给传统贸易造成巨大的冲击,同时也给数字贸易带来了重要的发展契机。在疫情背景下,发展数字经济和数字贸易是各国维持国民经济稳定运行和推动经济尽快复苏的关键举措,数字贸易将进一步得到发展。一方面,疫情倒逼各国政府和微观企业数字化转型,使大数据、工业互联网等数字技术在供需信息对接、高效生产、运输配送等环节得到更广泛和深入的应用,加速经营模式、交易模式等数字化转型,催生新业态、新模式。从需求端来看,疫情防控会使人们对远程办公、网络购物、线上教育、线上医疗、社交媒体等需求不断扩大,这有助于进一步推动数字贸易平台的发展,加速线上线下融合发展,不断拓展数字技术的应用场景,为数字贸易的发展提供更广阔的市场空间。

二、全球数字贸易发展面临的挑战

(一)数字贸易壁垒带来的挑战

由于缺乏具备全球约束力的数字贸易规则体系和公认的争端解决机制,近年来数字贸易保护主义不断升级,对数字贸易发展造成了负面的影响。USITC(2014)将数字贸易保护主义划分为本地化要求、市场准入限制措施、数据隐私和保护要求、知识产权保护措施、不确定的法律责任规则、审查、海关措施这七大类限制措施。USITC 研究认为消除数字贸易壁垒可以使美国实际GDP 增加 0.10%—0.30%,实际工资率提高 0.70%—1.40%,总就业增加大约0.30%。瑞典国家贸易委员会(2016)则将数字贸易保护壁垒分类为数据存储本地化要求、隐私和数据保护壁垒、知识产权保护问题和在线审查等限制手段。

1. 跨境数据自由流动限制

数据是数字经济时代关键生产要素和战略资源,互联网的普及和云计算、大数据等新兴数字技术减少了数据和信息存储的空间限制,但也产生了诸多隐患。不少国家和地区基于保护隐私和维护国家安全的考虑,通过制定法律法规等措施限制跨境数据自由流动,要求数据的存储和处理必须在本地进行,并且要求数据服务器及相关基础设施设立在本地。除此以外,有些国家明确规定企业收集、存储、处理、使用和传输数据必须通知数据主体并征得数据主体的同意。梅尔泽(Meltzer,2019)研究认为数据本地化措施会提高访问和使用数据的国内成本和国际成本,增加企业的运营成本,降低数字贸易的经济效益。

数据隐私和保护是跨境数据自由流动规则制定中最难以协调的问题之一。数据流动规模逐步扩大,在创造可观的经济收益的同时带来了诸如侵犯消费者隐私、危害国家数据安全等潜在风险和违法犯罪问题。近年来,不少国家出台相关法律制度加强跨境数据流动的监管力度,严格限制个人数据和敏感信息跨境流动,而各国数据和隐私保护规定的监管范围和程度存在较大差别,各国的数据隐私保护框架的不统一导致各国在开展数字贸易时产生冲突或摩擦。因此,如何在促进数据有序流动和实现隐私保护之间取得平衡是数字贸易发展面临的重要挑战之一。

2. 知识产权保护

在全球互联网访问的可行性和便捷性不断提升的同时,知识产权侵权问题层出不穷,再加上大部分国家的知识产权法律体系仍不完善,因此知识产权侵权被认为是数字贸易发展最具破坏性的障碍和壁垒。比如在未经授权的情况下,电子传输的书籍、音乐、视频和其他数字化信息在互联网平台上被广泛传播、下载和复制的情况屡见不鲜。这些侵权行为严重损害了数字内容创造者的权益,同时也对数字贸易的健康发展造成了严重的威胁。此外,有些国家要求外国企业提交源代码、专业算法等商业机密作为市场准入条件,并限制其数字产品和服务加密,或要求外国数字产品和服务采用本国制定的标准和方法加密。这些限制措施使得知识产权被窃取、盗用的风险增加,导致数字化产品和服务提供商退出某些国家的市场,或提供劣质产品以降低知识产权被窃取的风险。

为保护知识产权,有些国家对互联网中介责任作出了要求,规定互联网服务提供商等相关的中介机构和组织必须为知识产权侵权行为承担相关法律责任,并且在其平台内所产生的系统用户非法行为,也会依法对互联网中介机构进行追责。互联网行业代表认为旨在增加中介责任的监管措施和政策将增加中介公司的运营成本,阻碍中介公司在执行此类措施的市场上进行数字交易,并且可能限制中介机构打击盗版的方式。针对这一问题,各国存在截然相反的主张,这成为数字贸易治理的一个重要议题。

3. 市场准入限制

各国政府为保护本地企业的生存和盈利能力,培育本国数字贸易市场,防止本国安全和经济利益受到侵犯,实施限制外国数字企业进入本国市场开展投资、交易、分销或其他核心业务的相关措施,例如通过政府采购、补贴等优惠政策支持本地数字企业的发展,或对国外数字产品和服务进行技术性审查或设定非透明的技术标准等。不少国家对电信市场、云计算等关键性的数字产业实施外资所有权限制,禁止外资的进入或规定外资持股的上限。

此外,为限制外国数字产品和服务的进入,有不少国家要求数字产品和服务的外国提供方履行复杂、非透明的海关手续,使得不少外国中小型企业望而却步。尽管不少国家降低了数字贸易进口的价值门槛,但是在实际运作中,海关部门则要求企业提交复杂而烦琐的海关文件材料以及支付相应的关税,不透明和不合理的海关措施直接提高了企业的贸易成本,阻碍了数字贸易的发展。

4.内容审查

出于网络安全、消费者权益保护、文化影响等问题的考虑,不少国家采取阻止、屏蔽和过滤网站及应用程序、限制在特定区域内访问内容等手段限制互联网平台上传播的内容和信息。但这些内容审查措施的标准是非透明的、不统一的,导致相当多的网络内容供应商,包括新闻、视频和社交媒体服务无法进入实施内容审查措施的市场,这成为数字贸易最直接的障碍之一。

(二) 数字产品和服务税收问题带来的挑战

根据现行的国际税收规则,各国以收入来源地或经济活动所在地为标准对国际企业征收税费。基于互联网而蓬勃兴起的数字贸易挑战了这一国际税收协定,给全球数字贸易规则的制定带来一大难题。由于互联网交易的无边界性,数字贸易供给方的服务器、IP 地址、货物仓储的所在地与购买数字化产品和服务的需求方、银行结算的所在地往往不在同一个国家或地区,各国依据常设机构、固定场所和商品、服务发生地这一传统的税收管辖标准难以进行征税,因而不少电子商务企业通过变更网址或服务器所在地以达到避税目的。这不仅给各国造成了巨大的税收损失,而且阻碍了数字贸易的有序发展。在此背景下,2018 年,欧盟率先提出数字服务税改革解决方案,规定在境内的互联网公司只要满足以下条件之一必须缴纳数字税:在一个成员国内年收入超过 700 万欧元;在一个纳税年度内,在一个成员国内有 10 万名以上的用户或达成超过 3000 份数字服务商业合同(谢兰兰,2020)。2020 年,印度政府宣布从 4 月 1 日起对在其境内提供数字服务的外企征收 2%的数字服务税。随后,美国宣布对征收数字服务税的相关国家开展"301 调查"。当前,各国并未对数字征税改革方案达成共识,结合数字贸易发展的现实需求调整和制定相关国际税收规则已成为重塑国际贸易规则的重要议题之一。

（三）跨境电商便利化问题带来的挑战

随着跨境电商的快速发展,提升跨境电商便利化水平已成为各国共识,但由于相关法律制度的不完善以及出于安全技术问题的考虑,各国在电子合同及电子传输、电子签名、无纸化通关等具体问题上持有不同的态度和意见,这给全球数字贸易发展带来了挑战。尽管有不少国家已开始接纳电子签名、电子合同,但在实际交易中电子签名和电子合同并未得到广泛的应用。一方面,基于互联网而展开的这种电子化交易方式存在一定的安全隐患,比如电子签名可能会被伪造,电子合同在传输过程和保管环节被窃取从而泄露商业机密等;另一方面,电子合同出现法律纠纷和争议时应以什么作为证据、怎样取证,目前还缺乏明确的法律规定和依据。

第四节　全球数字贸易发展趋势

一、现实机遇扩大数字贸易发展空间

在全球经济增长动能减弱、疫情蔓延、不确定性因素增加的背景下,全球数字贸易取得了显著成效,展现了强大的活力,而这种活力将在未来进一步迸发。尽管近年来,逆全球化重新抬头,但经济全球化不可逆,数字化更是全球经济社会发展和技术变革的大趋势。全球化和数字化促进了资本、劳动力、信息、技术在全球范围内自由流动,加速了各国产业数字化变革和企业数字化转型,这为数字贸易持续发展提供了良好的外部大环境和动力源泉,使数字贸易发展空间不断得到拓展。在数字化时代,随着消费环境逐步改善、新模式新业态不断涌现,全球消费者需求发生结构性、系统性的变化,个性化和多样化消费需求持续增加,消费结构加速向服务消费转型,这将促使数字贸易企业扩大其经营范围,增加其数字产品和服务的种类。

二、数字服务趋势形成重要发展力量

随着全球互联网普及率的稳步提高和3D打印技术的广泛运用,以数字形式存储和展现的服务贸易活动将进一步突破时空限制,有效降低了跨境服务贸易的成本,数字服务贸易可得性提高,数字服务贸易规模将进一步扩大。特别是随着各国逐步开启5G商用,5G应用新场景将催生出更多新的数字服务产业,进一步深化国际分工协作,推动后勤办公、顾客服务、商务业务、研究开发、知识产权、金融保险、咨询分析等服务活动的国际外包,激发数字服务贸易潜能。这不仅给全球服务贸易带来新的发展机遇,而且有助于推动数字贸易快速发展。统计数据显示,在数字服务贸易的驱动下,服务贸易出口总额占全球出口贸易总额的比重由2005年的20.31%提升至2019年的24.50%,加快全球贸易服务化趋势,为数字贸易发展贡献了重要力量。

三、平台驱动跨境融合构筑发展基础

数字平台是数字贸易高效运转的重要方式和渠道,各类贸易主体和组织基于数字平台完成供需信息交流对接,实现数据、商品和服务的交易,开展研发、生产等分工协作活动,这种方式不仅能够突破时空限制串联各方要素和服务,实现价值创造,而且可以充分利用互联网、大数据、云计算等数字技术集成各类信息和技术整合价值链的各个环节,实现资源有序流动和高效配置。未来,数字贸易将进一步向平台化发展,全球数字贸易生态体系将逐步形成和不断完善。

在数字贸易平台的驱动下,IT、金融、制造业、农业等产业逐渐开展线上活动,这一过程推动了"研发+生产+供应链"的数字化产业链的构建,促进了"生产服务+商业模式+金融服务"跨界融合的数字化产业生态的形成。跨界融合的数字化产业体系的出现拓展了数字产业发展空间,产业协同发展、技术交织集成催生了技术创新、产业创新、模式创新,这为数字贸易发展打造了更宽广的产业基础,扩大了数字贸易范围(Abeliansky 等,2016)。

四、贸易主体多元化与数字鸿沟并存

基于数字技术兴起的数字贸易降低了国际市场进入门槛,深化了国际生产分工协作,为各国中小型企业国际化发展提供了前所未有的机会,使得越来越多的发展中国家参与到国际市场合作与竞争中,享受贸易经济利得。据世贸组织估计,发展中国家贸易占比将由2015年的46%增至2030年的57%。

数字贸易主体的多元化发展加速了国际贸易格局的变革,有助于推动数字贸易发展规模和范围的进一步扩大。

尽管新兴经济体、发展中经济体的数字贸易正在逐步发展,但与发达经济体仍存在较大的"数字鸿沟"。2019 年,发达经济体数字服务贸易出口规模的国际市场占有率分别是发展中经济体和新兴经济体的 3.37 倍和 3.20 倍。如果发展中经济体没能及时顺应时代发展趋势,抓住数字贸易发展机遇改变在国际贸易中的不利位置,将会继续处于全球价值链低端,与发达国家的发展差距越拉越大。

五、数字治理矛盾凸显加大谈判难度

当前,各国围绕数据跨境自由流动、知识产权保护、市场准入、数字服务税等问题产生的贸易争端和摩擦将日益凸显,引发新的全球性治理挑战。尽管美国、欧盟、中国等数字贸易大国积极通过双边、多边和区域贸易谈判初步达成了一些贸易协定,推进了相关数字贸易规则的构建,但是这些规则大多是根据各自的利益诉求来制定的,不足以在全球范围内推广和运用。随着数字贸易的不断发展,数字贸易规则谈判难度和深度将进一步加大,如何在数据自由流动与保障隐私和安全之间取得平衡、如何治理知识产权侵权行为、如何打击网络犯罪和数字垄断、如何解决数字税收侵蚀等问题仍需各国本着合作共赢的原则在国际规则框架下共商共议,统一、科学的全球数字贸易规则框架在短期内难以形成。

(本章执笔人:隋广军　邓丽)

第二章　中国数字贸易发展现状

习近平总书记多次强调,发展数字经济,建设数字中国。2020 年 9 月 4 日,习近平总书记在中国国际服务贸易交易会全球服务贸易峰会上指出,"我们要顺应数字化、网络化、智能化发展趋势,共同致力于消除'数字鸿沟',助推服务贸易数字化进程"。数字领域新业态新模式不断涌现,数字经济蓬勃兴起,为贸易发展注入了新动能、创造了新空间。通过跨境电商等实现的货物贸易发展迅猛,贸易数字化水平不断提高,数字贸易成为中国推动贸易增长、实现贸易高质量发展的新动能、新力量。

第一节　中国数字贸易发展现状与问题

中国把握数字贸易快速发展新机遇,积极提升贸易数字化水平,加快推动数字服务贸易发展,取得显著成效。目前,中国数字服务进出口已经跃入全球前十,跨境电子商务、服务外包、云服务、移动支付、卫星导航和位置服务、数字内容服务、社交媒体、搜索引擎等新业态蓬勃发展,为中国贸易高质量发展注入了新动能,开辟了新空间。

一、数字化交付服务贸易持续较快发展

数字服务贸易规模位居世界前列。我国一直高度重视服务业开放与服务贸易发展,数字贸易已成为中国服务贸易发展的新趋势,并呈现出高质量发展的态势。据联合国贸易和发展会议(UNCTAD)数据,中国数字化交付服务贸

易总额呈不断上升趋势,在服务贸易中的占比逐渐提升。2019 年中国位列全球数字化交付服务出口第 8 名,全球数字化交付服务进口第 7 名。2017 年我国数字服务贸易规模增长至 2000 亿美元以上,2018 年以来扭转了数字服务贸易持续逆差态势,2019 年实现数字服务贸易顺差 152.9 亿美元(见表 2-1)。

表 2-1　中国数字化交付服务贸易发展情况

年份	进出口		出口		进口	
	金额 (亿美元)	占服务进出口比重(%)	金额 (亿美元)	占服务出口比重(%)	金额 (亿美元)	占服务进口比重(%)
2005	488.6	30.1	173.5	22.1	315.1	37.5
2006	609.1	31.3	213.3	22.7	395.9	39.3
2007	833.1	32.7	310.3	24.7	522.8	40.5
2008	963.5	31.9	317.5	21.8	646.0	41.3
2009	762.8	28.4	273.4	22.3	489.3	33.5
2010	1266.2	34.1	576.5	32.3	689.7	35.7
2011	1648.4	36.7	750.1	37.3	898.3	36.2
2012	1623.4	33.6	736.5	36.5	886.8	31.5
2013	1851.0	34.4	825.5	39.9	1025.5	31.0
2014	2013.9	30.9	990.2	45.2	1023.7	23.6
2015	1794.4	27.4	933.1	42.7	861.3	19.8
2016	1907.7	28.8	937.0	44.7	970.7	21.5
2017	2079.5	29.9	1025.7	45.0	1053.5	22.5
2018	2562.3	32.2	1321.7	48.7	1240.6	23.6
2019	2718.1	34.7	1435.5	50.7	1282.6	25.6

资料来源:UNCTAD 网站。

二、数字化交付服务贸易结构不断优化

数字技术发展进一步推动服务的可贸易变革。2019 年中国可数字化服务贸易继续保持增长,金融服务、电信计算机和信息服务贸易总额、出口额与进口额均实现两位数增速,说明中国可数字化服务贸易在保持快速增长的同时结构不断优化。如表 2-2 所示,2019 年,中国可数字化服务贸易规模达 2722.0 亿美元,同比增长 6.3%,占服务贸易总额的 35%。其中,出口额达 1437.5 亿美

元,同比增长 8.8%,占服务出口总额的 51%;进口额为 1284.5 亿美元,同比增长 3.6%,占服务进口总额的 26%。在可数字化服务贸易总额构成中,其他商业服务占比最大,占比达 45%,电信、计算机和信息服务次之,占比为 30%,知识产权使用费服务居第三,占到 15%。

表 2-2　2019 年中国可数字化服务进出口情况

服务类别	进出口		出口		进口	
	总额（亿美元）	同比（%）	总额（亿美元）	同比（%）	总额（亿美元）	同比（%）
可数字化服务	2722.0	6.3	1437.5	8.8	1284.5	3.6
保险服务	155.5	-7.4	47.8	-2.9	107.8	-9.3
金融服务	63.8	13.8	39.1	12.3	24.7	16.4
电信、计算机和信息服务	807.6	14.0	538.6	14.5	269.0	13.2
知识产权使用费服务	410.3	-0.3	66.5	19.6	343.8	-3.4
个人、文化和娱乐服务	52.8	14.5	12.0	-1.3	40.8	20.2
其他商业服务	1232.0	5.1	733.5	4.9	498.5	5.4

资料来源:商务部网站。

三、ICT 服务贸易规模持续扩大

ICT 服务出口规模持续较快增长。2017 年以来,信息通信技术(ICT)服务增速加快,2019 年达 537.84 亿美元。中国 ICT 服务出口占全球 ICT 服务出口比重逐年增长,2019 年比重为 2005 年的 6 倍以上,2019 年为 8.46%。中国 ICT 服务出口规模占中国数字化交付服务出口比重整体不断增长,2019 年为 37.47%。中国 ICT 服务出口占中国服务出口比重逐年增加且增速较快,2019 年为 18.99%。2019 年中国 ICT 服务出口全球排名第 3 位(见表 2-3)。

表 2-3　中国 ICT 服务出口发展情况(2005—2019 年)

年份	出口额（亿美元）	占全球 ICT 服务出口比重（%）	占中国数字化交付服务出口比重（%）	占中国服务出口比重（%）
2005	23.25	1.34	13.40	2.96

年份	出口额 （亿美元）	占全球ICT服务 出口比重（%）	占中国数字化交付 服务出口比重（%）	占中国服务 出口比重（%）
2006	36.95	1.81	17.33	3.93
2007	55.19	2.21	17.79	4.40
2008	78.21	2.62	24.64	5.38
2009	77.09	2.69	28.20	6.29
2010	104.76	3.46	18.17	5.87
2011	139.08	3.91	18.54	6.92
2012	162.46	4.41	22.06	8.06
2013	170.98	4.26	20.71	8.26
2014	201.72	4.51	20.37	9.21
2015	257.83	5.70	27.63	11.79
2016	265.31	5.66	28.31	12.66
2017	277.67	5.50	27.07	12.17
2018	470.57	8.04	35.60	17.34
2019	537.84	8.46	37.47	18.99

资料来源：UNCTAD网站。

ICT服务进口规模持续扩张。2019年，信息通信技术（ICT）服务进口达268.6亿美元。ICT服务进口规模占中国数字化交付服务进口比重逐年上升，2019年这一比重已上升至约21%。ICT服务进口规模占中国服务进口比重整体呈上升趋势，2019年达5.36%。2019年中国ICT服务进口全球排名第3位（见表2-4）。

表2-4　中国ICT服务进口发展情况（2005—2019年）

年份	进口额 （亿美元）	占中国数字化交付 服务进口比重（%）	占中国服务 进口比重（%）
2005	22.23	7.06	2.65
2006	25.02	6.32	2.48
2007	32.89	6.29	2.55
2008	46.75	7.24	2.99

年份	进口额 （亿美元）	占中国数字化交付 服务进口比重（%）	占中国服务 进口比重（%）
2009	44.42	9.08	3.04
2010	41.02	5.95	2.12
2011	50.34	5.60	2.03
2012	54.90	6.19	1.95
2013	76.23	7.43	2.31
2014	107.48	10.50	2.48
2015	112.30	13.04	2.58
2016	125.78	12.96	2.78
2017	191.76	18.20	4.10
2018	237.75	19.16	4.53
2019	268.60	20.94	5.36

资料来源：UNCTAD 网站。

四、数字贸易发展面临的重要问题与挑战

当前,我国数字贸易持续较快发展,仍然面临不少重要问题与挑战。一是我国数字贸易发展水平亟待提高,数字贸易规模相对较小,高附加值数字服务出口能力不足,数字技术企业国际化营收水平较低。[1] 二是数字贸易面临的竞争压力加大,在底层技术上面临"卡脖子"问题,在数字技术的基础理论、核心算法、关键设备等方面与发达国家存在一定差距,在市场上面对的竞争者日益增加。三是数字贸易面临的壁垒明显增多,强制本地化义务、市场进入限制、数据及个人隐私保护措施、消费者权益维护、知识产权保护、平台从业者法律责任不明确、内容审查及数字贸易环境不健全等造成的不利影响更加凸显。四是在全球数字贸易规则制定中面临的压力和挑战加大,在数据跨境自由流动、数字产品公平待遇、数字安全、促进互联网服务、竞争性电信市场和贸易便利化等领域亟待提出应对之策,在全球数字经济和数字贸易合作和竞争中把握主动权。

---

[1]　王晓红等:《"十三五"时期中国数字服务贸易发展及"十四五"展望》,《首都经济贸易大学学报》2020 年第 6 期。

第二节　中国数字贸易重点领域发展概况

一、跨境电子商务

中美领先,发达经济体占据明显优势。信息通信技术、基础设施完善程度、居民购买力水平等是电子商务发展的关键支撑,总体上看经济发达地区在跨境电商发展中占据明显优势。中国和美国分别作为全球最大的发展中国家和发达国家,是全球跨境电商发展的引领者,2018 年两国跨境(B2C)电子商务销售额占全球比重合计达 45.8%。前十大跨境(B2C)电子商务销售国家(地区)中,美国、英国、日本、德国、法国、意大利、韩国、荷兰、中国香港等 9 个国家或地区均为发达经济地区,跨境(B2C)电子商务销售额占全球比重合计达 53.7%。

我国跨境电子商务强劲增长。人工智能、大数据、小程序等技术广泛应用,社交电商、直播电商、跨境电商海外仓等新模式创新不断深化,与当前多元化、个性化、重视体验的消费需求十分契合,在国际和国内两个市场发挥了重要作用。从国内市场看,2020 年,全国网上零售额达 11.76 万亿元,同比增长 10.9%;实物商品网上零售额达 9.76 万亿元,同比增长 14.8%,占社会消费品零售总额的比重接近四分之一。从国际市场看,跨境电商成为企业开展国际贸易的首选和外贸创新发展"排头兵",超万家传统外贸企业触网上线,1800 多个海外仓成为海外营销重要节点和外贸新型基础设施。

二、服务外包

全球服务外包市场格局稳中趋变。在全球价值链分工体系下,全球服务外包市场呈现以美国、欧洲、日本等发达地区为主要发包方,以印度、中国、菲律宾为代表的亚洲国家和爱尔兰、中东欧等国家为主要承接方的基本格局。当前,数字技术加速与制造、零售、娱乐、出版、休闲、金融、卫生、教育等越来越多的行业深度融合,数字化变革正大幅拓宽服务外包业务领域,推动离岸服务外包规模持续扩张。新兴市场国家和发展中国家群体性崛起,使得离岸服务外包业务来源更加多元。地缘政治、贸易冲突、保护主义等影响加大,产业链呈现纵向分工趋于缩短、横向分工趋于区域集聚的态势,可能加速离岸业务回流至本土或近岸国家。同时,越来越多的发展中国家将服务外包作为战略重点,印度发挥 IT 领域的规模、技术和人才等显著优势继续巩固最大服务外包承接国地位,菲律宾、越南、南非、墨西哥等国凭借成本优势不断吸引离岸服务外包,全球服务市场竞争日益激烈。

我国服务外包大国地位稳固。在示范城市引领带动下,我国服务外包领域创新创业氛围浓厚,逐渐形成了由 6 万多家内外资企业组成的产业生态,企业管理运营规范化国际化水平大幅提高,产业结构持续优化,稳居全球第二大服务外包承接国。2019 年,我国服务外包业务规模突破 1 万亿元人民币;2020 年,我国离岸服务外包业务规模突破 1 千亿美元,业务覆盖全球 200 多个国家和地区。随着数字技术日益与垂直领域深度融合,在岸发包业务潜力加快释放,离岸在岸业务发展更加协调,新业态新模式不断涌现,数字化转型加快,高端化发展势头良好。

三、云计算

全球云计算市场保持快速增长态势。云计算使用户可以按需灵活调整资源配置,经营更高效、更具弹性和可持续性,受到广泛青睐。新冠肺炎疫情加快推动企业数字化转型,云服务需求将加速释放。根据 Canalys,2020 年云基础设施服务①支出达到 1420 亿美元,同比增长 33%,高于预期增速。另据高德纳(Gartner)公司预测,以 IaaS、PaaS 和 SaaS 为代表的全球云计算市场预计未来几年平均增长率达 18% 左右,到 2023 年市场规模将超过 3500 亿美元。

中美两国在云服务市场占据主导地位。云计算马太效应凸显,全球前四大云计算厂商由中美两国主导,占全球市场份额 60% 以上,并且市场份额仍呈现出持续上升势头。以美国的亚马逊云、微软云、谷歌云为代表的三大云服务提供商在全球构建了庞大的数据中心网络,在 PaaS 和 SaaS 方面积极布局,推动 IoT、AI 等新技术迅速落地。阿里云、百度云、华为云、腾讯云等中国的云

---

① Canalys 定义的云基础设施服务包括基础设施即服务(IaaS)和平台即服务(PaaS),不包括软件即服务(SaaS)。

计算服务商发展迅猛。其中,阿里云占据亚太及中国市场最大份额,位居全球第四,百度云、华为云等实现弯道超车,跻身第一阵营。

四、移动支付

移动支付成为主流方式。消费者支付偏好因历史、技术、文化、经济和监管等因素而迥异,尽管全球不同区域移动支付发展水平差异明显,但总体上移动支付已成为首选方式。根据《2021 年全球支付报告》,2020 年,移动支付在全球电子商务、销售点(POS)支付中的份额分别为 44.5%、25.7%,位居交易支付之首。从发展态势看,电子商务的急剧增长带动了移动支付蓬勃兴起,新冠肺炎疫情则加速了移动支付发展步伐。2020 年全球移动钱包注册账户数量增长 13%,超过 12 亿个,是预期的两倍。

中国在移动支付中建立了领先优势。全球主要经济体中,我国国内数字钱包消费占比最高,其中的电子商务消费中数字钱包消费占比达到 72.1%。中国互联网络信息中心统计显示,至 2020 年年底,我国网络支付用户规模达 8.54 亿,占网民整体的 86.4%。中国企业积极进军移动支付领域,微信支付、支付宝等产品发展成熟,用户数量位居全球移动支付平台的前两位。

五、卫星导航与位置服务

全球卫星及应用产业保持快速发展。美国的全球定位系统(GPS)、俄罗斯的格洛纳斯卫星导航系统(GLONASS)、欧盟的伽利略卫星导航系统(GALILEO)及中国的北斗卫星导航系统(BDS),是全球四大卫星定位系统,其中美国 GPS 是全球范围内精度最高、覆盖范围最广的导航定位系统。导航、定位、授时、通信等功能应用广泛,特别是随着 5G、物联网、人工智能、区块链等新技术融合应用,将带动更多新产品和新应用发展,手机和可穿戴设备、公路交通运输、通用航空、无人机、航海等领域增长潜力较大。

我国卫星导航及位置服务产业实现突破性发展。2020 年 7 月 31 日,北斗三号全球卫星导航系统建成暨开通仪式在北京举行,标志着我国自主建设、独立运行的全球卫星导航系统已全面建成。我国卫星导航与位置服务产业结构趋于成熟,已构建起集芯片、板卡、终端和运营服务为一体的完整北斗产业链,全面服务于交通运输、公共安全、救灾减灾、城市治理等各个行业,融入电力、金融、通信等关键领域和关键基础设施,2019 年总体产值达 3450 亿元。随着北斗卫星导航系统应用的深入推进,由卫星导航衍生的关联产业增加值持续保持高速度增长。同时,通过多边、双边等国际合作,北斗"朋友圈"持续扩大,北斗应用不断落地海外,国际标准快速推进。2035 年前,我国将建成覆盖范围更广、多技术融合应用程度更深、智能化水平更高的国家综合导航体系,构建海陆空全覆盖、基准统一、高精度、高智能、高安全、高效益的时空信息服务基础设施。

六、数字游戏

我国数字游戏在全球占据重要地位。《2020 年中国游戏产业报告》显示,2020 年,我国数字游戏市场规模达 2786.87 亿元,游戏用户规模达 6.65 亿人,游戏制作更加注重"原创"和"精品"。其中,自主研发游戏国内市场销售收入达 2401.92 亿元,市场规模比重提高到 86%以上。受益于疫情"宅经济"影响,我国自主研发游戏的海外市场销售收入达 154.5 亿美元,同比增长 33.25%,游戏产业作为文化产业出口重要支柱的地位进一步凸显。在海外地区收入分布中,我国自主研发游戏的海外市场收入结构不断优化,目标市场不再局限于东南亚,欧美、日韩、俄罗斯、中东等地区都取得不同程度的突破,实现了海外地区的"多点开花",美国的收入占比为 27.6%,日本的收入占比为 23.9%,韩国的收入占比为 8.8%,三个地区合计占比达到 60.3%。

随着渠道的不断拓宽,游戏公司纷纷发挥自身优势,以不同方式拓展海外市场。其中,综合实力较强的企业组建海外团队,拥有资本优势的企业借助收购并购快速建立海外市场地位,自主研发能力突出的企业凭借优秀游戏产品打入海外市场,多数中小游戏企业则与成熟的海外发行企业合作,还有部分企业为区域海外市场定制开发游戏。我国的腾讯公司位列全球 5 大游戏公司第二位,出品的《王者荣耀》和《和平精英》两款游戏在 2020 年各创造了超过 20 亿美元的收入。

七、社交媒体

我国社交媒体发展迅速。2020 年,中国社交媒体用户规模达 9.3 亿人,社交媒体在全国人口的渗透率提高到 64.6%。微信、QQ、抖音、新浪微博、快手等是国内用户最多的社交媒体平台。随着 5G、人工智能等技术的应用,社交产品场景将更加丰富和新颖,社交媒体用户渗透率将进一步增长。TikTok 作为我国社交媒体国际化发展的代表,在面向全球市场的产品设计、投融资策略、本土化运营等方面提供了宝贵的实践经验。据统计,2020 年 12 月,抖音及其国际版 TikTok 在全球 App Store 和 Google Play 实现营收近 1.42 亿美元,再次蝉联全球移动应用(非游戏)收入榜冠军。其中,约 86% 的收入来自抖音中国版本,7% 的收入来自美国市场,2% 的收入来自土耳其市场。

八、搜索引擎

搜索引擎是一类基础的互联网应用,在网民的日常信息获取活动中占据着十分重要的地位。Google 在国际搜索引擎市场上占据绝对优势。搜索引擎是基础的互联网应用,涵盖信息搜集、信息分类、用户查询等业务,是解决信息过载的有效方式。据国际知名网站通信流量监测机构 Statcounter,2020 年全球搜索市场份额排名第一的是谷歌搜索,占据全球搜索市场 91.38% 的市场份额,在全球搜索市场中遥遥领先,稳居首位。

根据《国内搜索引擎产品市场发展报告 2020》,我国国内搜索引擎用户规模达 7.9 亿人,年度同比增长 10.2%,网民使用率达 82.5%。国内搜索引擎市场规模将超 1200 亿元,年度同比增长 10.8%。国内移动搜索用户规模增速将达到 11.8%,高于整个行业增速。从平台用户份额看,百度搜索排行第一,达70.3%,在国内市场占据绝对主导地位。搜狗搜索和神马搜索位列第二、三位,分别占 10.3% 和 8.1%。中国搜索的用户份额达 4.4%,排行第四位;360搜索的用户份额达 4.2%,排行第五位。

第三节 中国数字贸易治理与促进体系

一、法律法规

数字领域法律法规建设持续推进。《中华人民共和国网络安全法》《中华人民共和国反不正当竞争法》《中华人民共和国电子商务法》等一系列国家法律相继出台、修订完成,为数字化治理提供了法律依据,为推动数字经济和数字贸易发展提供了法律保障。

围绕个人信息保护、规范市场秩序、融合业态监管、信息内容治理等方面的规制不断完善,2020 年发布的《儿童个人信息网络保护规定》确定了儿童个人信息网络保护的具体原则,填补了互联网时代儿童个人信息保护的法律空白。

二、管理机制

中国数字贸易的管理主要由商务部、中央网信办、工业和信息化部等相关部门负责。2020 年,商务部等三个部门联合发布公告,认定了 12 个园区为国家数字服务出口基地,旨在积极扩大数字服务出口,加快服务出口数字化转型,打造数字服务出口支撑平台,培育数字服务出口新主体,支持数字服务行业对外开放。

三、促进政策

顶层设计促进发展。2019 年 11 月 19 日,《中共中央 国务院关于推进贸易高质量发展的指导意见》首次在中央文件中对数字贸易发展作出了重要部署,提出要加快数字贸易发展。提升贸易数字化水平,形成以数据驱动为核心、以平台为支撑、以商产融合为主线的数字化、网络化、智能化发展模式。推动企业提升贸易数字化和智能化管理能力。大力提升外贸综合服务数字化水平。积极参与全球数字经济和数字贸易规则制定,推动建立各方普遍接受的国际规则。

支持跨境电商发展。2015 年以来,我国陆续发布《国务院关于大力发展电子商务加快培育经济新动力的意见》《国务院办公厅关于促进跨境电子商务健康快速发展的指导意见》等政策文件,实施了一系列促进跨境电子商务发展的政策措施。截至目前,我国在海南全岛和其他 86 个城市(地区)开展跨境电子商务零售进口试点,在 105 个城市和地区设立了跨境电子商务综合试验区,在 10 个地区开展跨境电商企业对企业(B2B)出口监管试点,在跨境电子商务交易、支付、物流、通关、退税、结汇等环节的技术标准、业务流程、监管模式和信息化建设等方面探索形成了制度和政策创新成果,1210、9610、9710、9810 等多种形态跨境电子商务业务竞相发展。

建设数字服务出口平台。2020 年 4 月,商务部会同中央网信办、工业和信息化部联合发布公告,认定中关村软件园、天津经济技术开发区、大连高新技术产业园区、上海浦东软件园、中国(南京)软件谷、杭州高新技术产业开发区(滨江)物联网产业园、合肥高新技术产业开发区、厦门软件园、齐鲁软件园、广州天河中央商务区、海南生态软件园、成都天府软件园等 12 个园区为国家数字服务出口基地。建设国家数字服务出口基地,将有利于加快数字贸易发展和数字技术应用,培育贸易新业态新模式,推动实现服务贸易高质量发展。

推动跨境数据流动。2020 年 3 月,《中共中央　国务院关于构建更加完善的要素市场化配置体制机制的意见》出台,明确将数据作为新型生产要素,对培育数据要素市场作出重要部署,加强数字经济和数字贸易发展的要素支撑。2020 年 6 月,《海南自由贸易港建设总体方案》提出,要实现数据安全有序流动,创新数据出境安全的制度设计,开展个人信息入境制度性对接,积极参与跨境数据流动国际规则制定。北京等自贸试验区积极探索数据跨境流动规则。北京在数字贸易试验区实施方案中提出,率先推动数据跨境流动试点。

四、国际规则主张

2018 年 11 月,习近平主席在亚太经合组织(APEC)年会期间发表的主旨演讲中指出,数字经济是亚太乃至全球未来的发展方向,应该全面平衡落实《互联网和数字经济路线图》,加强数字基础设施和能力建设,增强数字经济可及性,消弭"数字鸿沟",让处于不同发展阶段的成员共享数字经济发展成果,让亚太地区人民搭上数字经济发展快车。2019 年 6 月,习近平主席在日本 G20 会议期间出席数字经济特别会议时指出,要营造公平、公正、非歧视的市场环境,不能关起门来搞发展,更不能人为干扰市场;要共同完善数据治理规则,确保数据的安全有序利用;要促进数字经济和实体经济融合发展,加强数字基础设施建设,促进互联互通;要提升数字经济包容性,弥合"数字鸿沟"。作为数字经济大国,中国愿积极参与国际合作,保持市场开放,实现互利共赢。

2020 年 9 月,《全球数据安全倡议》明确提出了八条主要内容:一是客观理性看待数据安全,致力于维护全球供应链开放、安全和稳定。二是反对利用信息技术破坏他国关键基础设施或窃取重要数据。三是采取措施防范和制止侵害个人信息的行为,不得滥用信息技术对他国进行大规模监控,或非法采集他国公民个人信息。四是要求企业严格遵守当地法律,不得要求本国企业将境外产生、获取的数据存储在本国境内。五是尊重他国主权、司法管辖权和对数据的安全管理权,不得直接向企业或个人调取位于他国的数据。六是应通过司法协助等渠道解决执法跨境数据调取需求。七是信息技术产品和服务供应企业不应在产品和服务中设置后门,非法获取用户数据。八是信息技术企业不得利用用户对产品依赖性谋取不正当利益。

第四节　中国数字贸易发展的基础和条件

近年来,中国持续推进数字化转型,产业数字化和数字产业化互促共进,数字经济总量规模和增长速度位居世界前列,已成为全球第二大数字经济大国。目前,数字经济成为引领经济高质量发展的新引擎,成为构建现代化经济体系的重要内容,为数字贸易发展奠定重要基础。

一、数字经济规模持续快速增长

中国数字经济蓬勃发展,日益成为拉动经济增长、促进经济高质量发展的关键引擎。根据中国信息通信研究院发布的报告[①],2005—2019 年,我国数字经济规模增加值由 2.6 万亿元扩张到 35.8 万亿元,数字经济占国内生产总

---

① 中国信息通信研究院.《中国数字经济发展白皮书(2020 年)》,中国信息通信研究院 2020 年版,第 7—12 页。

值(GDP)比重由 14.2% 提升至 36.2%,在国民经济中的地位持续提升。同时,按照可比口径计算,2019 年我国数字经济名义增长率为 15.6%,高于同期 GDP 名义增速 7.85 个百分点。2014 年以来,我国数字经济对 GDP 增长的贡献率始终保持在 50% 以上,2019 年数字经济对经济增长的贡献率为 67.7%。也应看到,中国数字经济发展主要得益于国内企业主导下自身市场规模的快速成长,在搜索引擎、云计算、电子商务、移动支付、社交媒体等行业占据全球较大市场份额,也主要来自于国内市场贡献,国际化发展能力和水平仍有待提高。①

二、数字经济市场基础优势显著

中国具有庞大的市场体量,拥有数量可观的年轻网民,为数字商业模式迅速投入商用创造了条件。中国庞大的互联网用户群有利于数字企业不断试水,更有助于其快速实现规模经济。截至 2020 年 6 月,全国互联网宽带接入端口数量达 9.31 亿个,同比增长 3.1%,比 2019 年年底净增 1566 万个。中国网民规模为 9.40 亿人,较 2020 年 3 月新增网民 3625 万人,互联网普及率达 67.0%,较 2020 年 3 月提升 2.5 个百分点(见图 2-1)。中国手机网民规模为 9.32 亿人,较 2020 年 3 月新增手机网民 3546 万人,网民中使用手机上网的比例为 99.2%,较 2020 年 3 月基本持平。2020 年 1 月至 6 月,移动互联网接入流量消费达 745 亿 GB,同比增长 34.5%。

三、数字经济市场主体实力不断增强

中国的互联网三巨头(百度、阿里巴巴和腾讯,合称 BAT)建立的丰富的数字化生态圈如今正在不断拓展延伸。BAT 在推动本国数字产业发展方面贡献尤为显著。中国数字经济的快速发展离不开数字经济主体实力的不断壮大。2019 年,福布斯发布《2019 福布斯全球数字经济 100 强榜》,中国内地企业有 9 家进入榜单,其中阿里巴巴跻身全球前十。中国数字经济企业对研发给予相当重视。例如,截至 2020 年 2 月 19 日,腾讯全球主要国家和地区专利

① Foote, Caleb and Atkinson, Robert D., "Chinese Competitiveness in the International Digital Economy", *Information Technology & Innovation Foundation*, 2020.

图 2-1　中国网民规模和互联网普及率

资料来源:CNNIC 第 46 次《中国互联网络发展状况统计报告》。

申请公开数量超过 3.7 万件,授权超过 1.3 万件,专利合作条约国际申请超过 4800 件,中国申请公开数量超过 2.5 万件,中国授权数量超过 1 万件。中国的数字企业不再满足于国内市场,越来越多的中国数字企业通过并购、商业模式拓展、技术供应商等方式努力扩展全球业务。最为典型的是华为的国际化,经过 20 年的筹划布局,华为已形成了全球多个运营中心和资源中心。

四、先进数字技术基础设施进一步夯实

中国 5G 规模化部署速度显著加快。我国已建成全球规模最大的 4G 和光纤网络,5G 产业快速发展,整体实力位居全球领先地位。2019 年 6 月,商用牌照发放拉开了我国 5G 规模化部署序幕,移动、联通、电信、广电均发布了 5G 网络建设和应用计划。截至 2020 年 11 月,我国累计建成 5G 基站 71.8 万个。截至 2020 年 6 月,我国已经分配 IPV6 地址用户数达到 14.42 亿,IPV6 活跃用户已达 3.62 亿,地址数量达 50903 块/32(见图 2-2),居世界第二位。IPV6 国际出入口带宽从无到有,已开通 90Gbps;国内用户量排名前 100 位的商业网站及应用已全部支持 IPV6 访问。此外,".CN"域名总数达 2304 万个,较 2019 年年底增长 2.8%,国家和地区顶级域名数继续保持全球第一。

（单位：块/32）

图 2-2　中国 IPV6 地址数量

资料来源：CNNIC 第 46 次《中国互联网络发展状况统计报告》。

五、数字经济新业态乘势崛起

近年来，中国数字经济新业态、新模式不断涌现，为经济的可持续发展提供着源源不断的新动能。截至 2020 年 6 月，我国网络视频（含短视频）用户规模达 8.88 亿，较 2020 年 3 月增长 3777 万，占网民整体的 94.5%。其中短视频用户规模为 8.18 亿，较 2020 年 3 月增长 4461 万，占网民整体的 87.0%。此外，电子书越来越受欢迎，在线阅读等产业日益受到资本的竞相追逐。商家不断使用智能收银系统，数字支付的普及不仅提高了商业效率，也节省了人力。数字化不断渗入农村农业，建立在"互联网+农业"上的淘宝村、直播电商等新模式解决了农产品销售难的长期困境，在助力脱贫攻坚、促进乡村振兴、决胜全面小康中发挥了重要作用。

第五节　中国数字贸易发展面临的机遇

一、新发展阶段数字贸易战略地位更加凸显

习近平总书记指出："'十四五'时期是我国全面建成小康社会、实现第一个百年奋斗目标之后，乘势而上开启全面建设社会主义现代化国家新征程、向

第二个百年奋斗目标进军的第一个五年,我国将进入新发展阶段。"在新发展阶段,在传统经济增长动能下降的情况下,数字贸易将成为我国外贸发展的新动力。从世界范围看,2019 年数字服务对服务出口增长贡献率达到 98.3%,2010—2019 年数字服务贸易增速显著高于服务贸易和货物贸易。① 在疫情的催动下,贸易数字化进程加快,数字贸易占比将大幅提升。从中国看,跨境电子商务规模已位居世界第一,数字服务贸易快速增长,非货币数据流贸易国际化发展态势迅猛。未来五年,数字贸易将成为带动中国经济增长、拓展海外市场的新动能。

同时,在新一轮数字技术浪潮推动下,以数字技术、数据要素、数字基础设施为核心的国际竞争体系逐步展开,数字贸易成为影响世界竞争格局的重要力量。14 亿多人口将产生海量的数据规模,庞大的市场为我国数字技术应用提供巨大发展空间,数据中心、5G 基站数量世界领先,我国数字贸易禀赋优势显著。未来五年,通过数字贸易,在国内数据要素大规模聚集的基础上,打通国际要素流动通道,构建国内、国际要素流动链,推动供应链扁平化发展,国内市场规模优势将进一步释放。在多种禀赋优势的推动下,数字贸易必将成为未来我国参与国际竞争合作的新优势。

二、数字治理为数字贸易发展提供强大制度保障

在数字贸易蓬勃发展的同时,各国不断对数字贸易管理体制加强探索完善。未来,国内数字经济治理体系将更加完善,规则、标准、体系更加健全,为数字贸易创新发展提供有力的制度保障。展望未来,我国将进一步加强数据跨境流动规则协调,共同制定数据跨境流动标准,根据数据行业属性和安全级别进行分级分类治理,涉及个人隐私、企业核心秘密、国家安全等数据保护等国内制度和国际规则体系将进一步完善,这将为数据跨国境跨区域安全有序流动提供制度保障,为我国数字贸易发展打开了空间。未来,随着我国在数据产权方面的进一步改革和制度创新,数据资产将得到有效保护,数据交易机制

---

① 中国信息通信研究院:《数字贸易发展白皮书(2020 年)——驱动变革的数字服务贸易》,中国信息通信研究院 2020 年版,第 12—13 页。

将逐步建立。未来,我国数字知识产权保护制度进一步完善,建立在可信基础上的知识产权保护措施将逐步建立,这将为我国数字技术国际合作和数字内容贸易提供更加稳定安全的制度环境。未来,我国超大型数字平台行为将进一步得到规范,数字内容原创者与平台关系将进一步明确,内容原创者利益将受到更多保护。数字平台对市场竞争所起到的引导性作用逐步建立,平台需要履行更多建立公平竞争机制的责任义务。电子签名、电子合同标准的互认性进一步提升,数据处理技术的互操作性进一步增强,国际技术交流更为便捷。这些数字治理举措和制度的建立与完善,都将为我国数字产业和平台企业走向国际市场、参与国际数字贸易提供制度保障。

三、数字产业国际化为数字贸易发展提供巨大机遇

当前,我国数字经济规模已经位居世界第二,但是产业国际化发展程度较低。根据调查,许多知名大型数字平台企业的营业收入中,海外营收规模占比不足10%。未来,伴随大型自贸协定的落实和我国"走出去"战略的深入实施,我国企业海外投资发展空间十分广阔,为数字贸易扩大规模提供了巨大空间。全球最大自贸协定 RCEP 已成功签署,覆盖东盟、东亚、澳洲的巨大自贸区形成,较高水平的贸易自由化和投资便利化成为其主要特征。在此期间,亚洲电子商务发展快速崛起,未来将成为世界电子商务最活跃的地区之一,在RCEP 的推动下,整个亚洲数字贸易必将迅猛发展。中国与欧盟同为世界数字经济发展较高水平的两个地区,一方拥有先进的数字技术和治理经验,另一方拥有广阔的市场和不断创新的应用模式,数字经济优势高度互补,中欧投资协定签订和落实,必将释放出数字经济的巨大合作潜力,不仅有利于推动世界数字经济迈向更高水平,也有利于双方数字贸易更快更好发展。"一带一路"连接欧亚大陆,在中欧班列的带动下,将成为中国与相关国家合作共同推动数字产业国际发展的重要区域。亚洲基础设施投资银行将布局"一带一路"沿线国家和地区,支持各国完善数字基础设施,沿线国家将推动数字技术与应用场景的融合、数字产品与服务模式的创新,共同推动数字产业链、供应链和价值链的升级,实现"一带一路"合作的数字化、信息化、智能化转型。

四、后疫情时期我国数字贸易发展空间广阔

受到新冠肺炎疫情的影响,全球产业链和供应链面临"中断"风险,经济社会数字化转型加快。在此期间,我国经济率先实现正增长,2020年成为世界利用外资第一大国,数字经济新业态新模式不断涌现,数字经济发展空间巨大。后疫情时代,贸易方式发生深刻变革,产业和企业的数字化转型成为不可逆的发展趋势。数字贸易的发展,有效降低了贸易成本,促进了贸易的发生。WTO报告显示,经历了贸易方式的数字化转型后,大部分人表示即使疫情结束,也依然会继续选择通过数字化方式开展贸易。疫情催生的新业态新模式,在后疫情时代必将继续保持蓬勃发展态势。疫情期间,在线教育、在线办公、在线金融等一系列数字经济的应用场景快速发展,以大数据、云计算和人工智能等为核心的数字经济成为引导消费、促进贸易的重要方式,产生了新的业务场景和生态,数字化产业不断聚集,维护产业链整体稳定运行,给人们的生活生产带来了新希望。数字技术在各个领域的深度应用,不仅保证了供应链中各个环节平稳有效运转,更推动了产业链的融合发展。在疫情的作用下,经济社会快速数字化转型,数字技术在各个领域深度应用,加速了新一轮技术革命的进程,产生的贸易新业态新模式必将在后疫情时代焕发出勃勃生机。我国在数字技术的应用方面具有较大优势,庞大的市场规模为数字经济发展提供了有利空间,外资的大规模涌入也彰显了中国的经济优势和制度优势。中国必将与各国开展范围更广、水平更高、规模更大的国际合作,为中国数字贸易发展提供巨大空间。

五、数字贸易"中国方案"有望影响国际规则走向

为保证世界数字贸易公平有序发展,构建可以为各国接受的国际贸易规则成为当前热点。然而世界各国发展差异大,数字鸿沟难以消弭,构建数字贸易国际规则难度很大。在跨境数据流动方面,欧美态度就有不小差异,美国倡导数据跨境自由流动,欧盟则强调在充分保护下的数据流动,并且更加强调个人隐私保护。在数据安全方面,欧盟与美国隐私盾协议停滞,欧盟通过制定GDPR防止美国侵犯欧盟成员国隐私。法国、意大利等国家单边开征数字税,限制大型平台企业对税基的侵蚀。发展中国家纷纷制定数据安全保护法律,

通过建立多种法律措施限制外国企业进入本国市场,世界数字贸易的统一规则和全球供应链开放、安全和稳定面临诸多不确定性。但是,对于中国,数字产业基础好,数字经济规模已经居世界第二位,在推动构建开放包容、互利共赢、共商共建共享的全球数字规则方面拥有优势,数字贸易"中国方案"有望影响国际规则走向。中国充分尊重他国数字主权,维护各国网络空间权益,更易于在世界范围内形成广泛共识。2020年9月,中国在全球治理研讨会上提出了应对全球数字治理的倡议,其中明确指出"尊重他国主权、司法管辖权和对数据的管理权,不得直接向企业或个人调取位于他国的数据"。中国秉持的安全开放、尊重他国主权的态度,必将受到世界大部分国家的欢迎。同时,中国在推动数字经济国际化发展的过程中,主张要努力消除发达国家和发展中国家之间的"数字鸿沟",让全球共享数字经济发展红利,帮助其他国家实现经济数字化转型,也将受到世界各国的广泛赞同和拥护。

第六节　促进我国数字贸易发展的政策举措

一、加强顶层设计,做好发展数字贸易基础性工作

数字贸易属于新兴事物,相关概念及国际规则都处在探讨酝酿之中。我国应率先针对数字贸易加强顶层概念与制度设计,为参与全球数字贸易竞争打好基础。第一,要统一对数字贸易基本概念与分类的认识。要突出数据跨境流动这一数字贸易最本质的属性,对数字贸易概念内涵与业态分类作出明确界定,建立中国数字贸易的统一话语体系。第二,研究制定促进数字贸易发展的政策体系。要加强数字贸易发展的顶层制度设计,要重点研究促进我国数字贸易企业国际化发展政策,支持企业"走出去"参与全球竞争。第三,加强数字贸易统计。建议由商务部、国家统计局联合制定数字贸易统计手册,对现有统计体系进行重新归类,补充空白统计领域,加强与电子商务、服务贸易等现有统计体系的衔接,以形成国家权威的统一统计口径。

二、深化技术应用,积极推动数字基础设施建设

数字技术与产业的深度融合推动了数字经济的发展,而技术与产业的融合则是以数字基础设施为基础。大数据、云计算、5G、区块链、人工智能等新技术在经济中的实现,均需要依赖大数据中心、移动通信基站、光纤宽带网络、工业互联网等基础设施。第一,加速 5G 基站布局,扩大 5G 服务覆盖率。工信部数据显示,我国 4G 基站数量已经达到 437 万个,占全世界的一半左右,4G 用户超过 12 亿。未来,5G 的数据传输速度将是 4G 速度的 10 倍,必将催生出更多的新业态和新模式。因此,我国需要加速推动 5G 基站的覆盖率,并推动 5G 商业使用业态。2020 年我国将建成 25 万个 5G 基站,虽然在数量上已经远超欧美,但是从我国整体的覆盖率来看,依然较低,不能满足未来社会数据高速传输的需求。因此,需要制定 5G 基站普及计划,在未来 3—5 年内实现我国大部分地区的 5G 信号的覆盖。第二,加强数据中心建设,形成垂直分布体系。企业的数字化发展必将产生海量数据,这些数据既是企业的信息,也是企业的资产,对企业发展至关重要,都需要存储在大数据中心。同时,在云服务的推动下,将形成大数据中心与企业数据库的协同联动,各个企业之间的数据有效交流互换,整体提升产业链和供应链的效率。未来,我国需要建成数据中心体系,形成国家大数据中心、区域数据中心、省市数据中心、企业数据中心多层次的体系。

三、夯实产业基础,促进数字贸易高质量发展

当前,我国具有市场空间大、技术应用快、基础设施扎实的优势,因此我国需要进一步巩固和扩大现有优势,在这些方面做到世界一流。

夯实通信和计算机信息(ICT)产业发展基础。通信和计算机信息产业是推动整个数字贸易发展的核心,成为其他新模式新业态发展的技术支撑,需要扩大我国通信和计算机信息产业规模,形成完整的产业链生态体系。第一,推动增值电信产业开放发展,提升基础通信服务能力。大力发展 5G 通信,在加强数字基站建设的同时,着重提升通信服务的规模和质量。保证宽带连接和移动通信的覆盖范围和连续性,降低相关移动通信的服务成本,实现国内的每个人用得起、无死角覆盖的通信服务。第二,大力发展云服务,开发云服务的

多场景应用功能。大力推动 SaaS、PaaS、IaaS 等云服务与各产业相融合,开发新型应用场景,以云服务及其他经济活动场景应用融合为核心推动产业数字化转型,帮助企业实现"上云用数赋智"。第三,大力发展本土软件开发及生态圈建设。以开源软件开发为核心,建立开源软件生态圈,鼓励本土企业进行开源软件代码交流和互换,建立健全开源软件知识产权保护机制。

充分挖掘我国数字市场规模。中国 14 亿多人口的市场形成了庞大的经济支撑,成为我国数字龙头企业和诸多独角兽企业发展的基石。因此,为进一步发挥我国市场的规模优势,需要让更多的人参与到数字产业发展中来。第一,夯实中西部地区数字产业基础,努力推动我国东中西部地区数字经济平衡发展。推动中西部地区平台经济发展,努力完善公共服务平台、第三方支付平台、知识产权交易平台建设。第二,积极推动电商进农村。积极发展农村电子商务,鼓励农民利用移动互联网和新媒体进行线上推广,通过短视频媒体、直播带货等方式加强农产品线上销售。

推动工业制造业与数字技术深度融合。制造业的数字化转型需要以制造业流程的规模化和标准化为基础,通过制造各个环节的标准化,推动整体制造的规模化和自动化。第一,落实国家制定的制造业行业标准。制定细分行业的制造业生产标准,包括质量标准、规格标准、安全标准、环保标准等,实现我国制造业各个领域的标准与国际对接。第二,帮助企业优化生产制造流程,实现每个生产制造环节的标准化和规模化。推动科研团队深入企业调研,针对企业在生产制造中难以实现规模化和自动化的环节,制定专项解决方案,帮助企业实现制造优化升级。第三,推动制造业企业"上云用数赋智"。对于基本实现自动化制造的企业,鼓励企业积极运用云服务和数据中心,实现生产制造环节之间、母公司与子公司之前、产业链上下游之间的数据交换,提升整体数据和信息交换,推动整个供应链效率升级。第四,在各级政府推动下,积极纳入工业互联网节点。我国正在打造工业互联网,实现工业互联网节点覆盖。各级政府应该主动帮助企业实现本地工业互联网与上一级网络节点之间的接入,实现全国从国家到地方的纵深工业互联网体系。第五,打造 C2M 产业生态模式。打通制造与用户需求之间的衔接环节,实现制造业的个性化定制。积极推动第三方平台建设,建立消费者与企业之间的对接平台,鼓励市场力量搭建消费者与制造商之间的平台。完善平台功能,实现消费者可以根据个人喜好实现个性化定制。在制造企业实现自动化和数字化基础上,通过工业软件开发,实现整个制造流程的升级,可以根据用户需求实现个性化生产。健全C2M生态系统。大力发展制造业产品的物流、相关知识产权、线上支付、数据传输等业务。

推动服务产业数字化转型升级。第一,推动传统生活服务产业数字化发展。鼓励消费端平台建设,推动餐饮零售等生活性服务业通过数字化转型,扩大服务覆盖范围,提升对消费者服务供给能力。第二,扩大数字内容服务产业规模。推动电影、音乐、动漫、出版等产业数字化发展,打造O2O运营模式,扩大整体产业规模。第三,重点推动旅游、教育、医疗等服务产业数字化转型升级。积极运营数字技术,建立旅游、教育、医疗等多领域的数字应用场景,鼓励数字旅行、数字教育、远程医疗等新业态新模式。以数字技术的深度融合及应用,扩大整体产业的辐射范围,消除服务提供障碍,促进人与人之间的交流。第四,鼓励知识产权、科技金融、在线咨询等知识密集型服务产业数字化发展。鼓励新兴数字产业,完善在线支付、知识产权交易与融资、数字加密等数字服务体系。

四、加强自主研发,实现核心技术突破

我国数字经济发展的核心技术许多都严重依赖国外进口,在当前国际竞争日趋激烈的背景下,我国数字贸易极易受制于人,从而阻碍我国发展进程。为防范国外技术封锁,我国应高度重视以下领域发展,通过政府与市场的力量实现核心技术的突破。

自主开发软件和操作系统,形成我国的开源软件生态圈。工业软件和操作系统是实现工业数字化转型的重要应用,工业数据通过操作系统和相关软件的运算才能实现数据的交换,形成工业数据生态圈。当前我国工业软件和操作系统大部分为国外所掌握,工业软件中九成使用的是外国软件。国际上,ASF、微软GitHub和谷歌开源三大基金会利用软件代码的开源性,快速形成了庞大的软件生态系统,占领了大部分国际市场。在谷歌安卓系统不再向华为提供升级服务以后,我国既需要强化自主操作系统建设,更需要建立自己的

软件生态系统。当前,我国成立开源基金会,但依然需要发展壮大;未来,需要进一步推动该基金会发展,形成我国的开源软件生态体系。鼓励国内软件研发企业、服务外包企业、云服务提供商等软件开发商、供应商和需求用户多方参与其中,推动国内企业积极在我国开源基金会上进行软件代码的交换和共享,形成我国自主的软件生态系统。

积极推动芯片研发设计与制造。我国的芯片高度依赖进口,台积电是我国主要的芯片供应商,也是全球 7 纳米芯片的主要提供者。但是在美国的干预下,台积电在 2020 年宣布断供华为。而我国主要芯片生产商是中芯国际,在 2019 年年底刚刚实现 14 纳米芯片的量产,但是依然产量有限。限制我国高端芯片生产的主要有两方面:一是 EDA 软件,二是光刻机设备。当前 EDA 软件基本由美国 3 家企业垄断,而光刻机设备仅由荷兰的 ASML 提供。在光刻机制造方面,整个光刻机需要 10 万个零部件,大部分是由荷兰从其他国家进口,其供货商主要来自美国、日本、德国等发达国家,可以说荷兰 ASML 是整个发达国家尖端制造的共同产物。因此,我国要想实现自主芯片制造,需要重点突破以下技术:芯片设计软件、高纯度硅晶片制造、光刻胶、EUV 光源、光刻机镜头、等离子蚀刻机等。为此,我国需要推动政府与企业联合研发,充分发挥市场竞争机制,引导社会资金投入核心技术研发。

五、搭建发展平台,不断完善数字贸易平台体系

为数字贸易搭建国际化平台,加强各种平台国际合作水平,完善国内相关平台建设,打造我国数字贸易发展体系。

打造数字贸易海外发展平台。搭建海外云服务发展平台,发挥亚投行作用,联合外国政府共同建设海外云数据中心,加强海外数据存储、处理、分析能力,扩大云服务海外业务范围。共同开发海外电商平台,鼓励国内企业积极拓展海外电子商务市场,以投资、入股等方式参与外国电子商务平台建设,完善下游物流运输和海外仓建设,加强上游平台数据处理技术合作,打造海外电子商务发展体系。

加强专业数字贸易平台国际合作建设。积极推动海外数字研发中心建设,与欧洲国家,如德国、法国、意大利等在"一带一路"沿线进行联合技术投

资,共同建立海外数字贸易发展研究中心,重点推动人工智能、云计算等技术合作。积极推动数字内容平台合作,加强数字影视、数字动漫、数字游戏等数字内容与国际平台合作,建设海外数字内容交易平台,促进中国数字内容产业国际化发展,提升中国数字内容产品国际交易水平。打造海外知识产权交易平台,以国际标准建设海外国际知识产权交易平台,吸引各国进行知识产权线上交易,与国际组织联合制定知识产权评级标准,促进国际间知识产权投资合作。

完善公共平台服务建设。全面提升公共服务平台的功能和服务能力,重点围绕技术服务平台、专业交流平台、区域合作平台和创新创意平台,构建公共服务体系。加强技术服务平台、业务研发平台、行业公共服务平台、人才培养平台和知识产权保护平台等的建设,提升我国公共服务平台功能。

六、拓展海外市场,稳步推进数字经济海外布局

我国应积极推动企业海外发展,加快国际市场布局,巩固我国数字贸易的大国地位。同时,在海外市场中加强合作与博弈,开辟国际竞争与合作的新途径。

聚焦亚洲市场,加快数字贸易和产业的海外发展布局。在疫情影响下,东南亚地区的电子商务快速发展。2018 年,谷歌和淡马锡联合发布的东南亚数字经济年度报告显示,东南亚地区的电子商务规模在 2018 年已经超过 230 亿美元,预计 2025 年将超过 1000 亿美元,呈现快速发展态势。网上购物、快递等产业发展已经出现明显的发展势头。因此,我国应该加快在亚洲市场的发展布局,抢占市场份额。第一,以投资入股方式加入亚洲主要国家电子商务平台。如印尼、越南、泰国、新加坡和马来西亚的国内电子商务企业等。第二,积极推动云服务在东南亚地区发展。目前在亚洲地区,阿里云的市场份额已经超过谷歌云服务,成为最大的云服务提供商。伴随着东南亚市场的发展,各种网络平台将大量涌现,对于数据服务的需求必将与日俱增。因此,可以推动我国的阿里云、华为云、百度云等国内云服务知名企业加速出海,在各地开展云服务。第三,加强亚洲地区数字基础设施投资,以投资带动服务出海。借助亚洲基础设施投资银行,在亚洲地区广泛开展大数据中心、移动基站、光纤网络等基础设施投资,以投资方式带动国内数据服务企业出海。

加强与欧洲国家合作,共同推动"一带一路"沿线国家发展。欧洲正面对美国数字科技巨头的入侵,而欧盟则缺乏大型数字科技企业和独角兽企业,很多欧洲国家对美国持怀疑甚至抵制的态度。比如,法国、德国、意大利等国家均表示要对美国的互联网巨头征收数字税。但并不是整个欧盟都如此,比如爱尔兰等国家则高度依赖美国的投资。所以导致欧盟在对待美国数字巨头时,态度往往产生较大分歧。我国可以充分利用这种态势,在面对美国技术封锁情况下,加强与欧洲国家的合作,尤其是在推动"一带一路"沿线国家投资发展问题上,会有很多共同利益。第一,加强与德国、法国、意大利等国家的技术合作。德国、法国、意大利等国家是对美国科技巨头征收数字税的坚定支持者,在欧盟没有达成统一共识的情况下,各自对美国征收数字税。因此,可以加强与这些国家的合作,尤其是在技术合作领域。第二,以联合投资方式拓展国际市场。与欧洲国家合作,除了投资并购或者入股的方式,还可以在第三方国家开展投资合作。欧盟国家可以借此扩大贸易投资范围,打开国际市场,我国则可以参与高新技术的研发,属于双赢格局。第三,推动"数字丝路"建设。重点选在巴基斯坦、以色列、东南亚地区的国家等进行投资。这些国家在政治友善、技术基础、市场发展空间等方面分别占有优势,是我国投资合作的优先选择。被投资国则获得外国投资并享受技术外溢效果,也较为容易接受。

七、加强规则衔接,构建跨境数据流动合作圈

中国数据治理体系以维护国家安全和个人隐私保护为核心,有关支持和促进数字经济发展的制度建设有待加强。在数字贸易法律方面,我国制定了《中华人民共和国电信条例》《互联网信息服务管理办法》等政策法规,进一步完善数字经济基础设施建设与保护。在电子商务领域,我国出台了《中华人民共和国电子签名法》《中华人民共和国合同法》等相关法律。2018 年,全国人大通过了《中华人民共和国电子商务法》,这是我国在电子商务领域的综合性法律,是我国数字经济重要法律之一。在网络安全方面,中国立法和司法机构主要采取包容审慎的态度对待数字经济发展。2017 年,我国通过了《中华人民共和国网络安全法》,成为维护我国网络空间主权、国家安全、社会公共利益,促进经济社会信息化健康发展的法律,具有中国特色的数据治理体系正在形成。为推动我国数字产业和贸易的发展,重点需要加强数据出境管理标准和数据确权等相关政策。

加强规则衔接,制定数据出境标准。当前,美欧日已经形成了跨境数据流动圈,彼此之间的数据可以实现流动。而我国数据流动相对封闭,这必将影响我国数字贸易发展。因此,我国需要加快制定数据出境标准。第一,制定数据分级分类标准。数据出境最大的顾虑就是国家关键数据的安全性和企业及个人隐私的保护问题,但是一些数据并不涉及相关问题。比如在工业数据中,基本不涉及个人隐私,部分企业也与国家安全并无关系。因此,需要国家在产业细分目录的基础上,对不同行业制定数据出境目录。对于不影响国家安全和个人隐私的行业允许数据跨境流动。对可能涉及行业实行数据分类,可以分为不能出境、部分出境和可以出境三个标准。对于完全不能出境的数据则进行本地化存储,并制定相关保障条例;对于部分可以出境的数据可进行相关部门的审批制度;对于可以出境的数据则实行备案制即可。第二,制定数据脱敏标准。数据出境主要以国家安全和个人隐私保护为核心原则,因此,我国数据出境需要对原始数据进行加工,实现出境数据的脱敏。需要国安局、网信办、工信部等一系列相关部委联合制定数据敏感标准,要求企业在数据出境前实现关键数据、敏感数据的去除。

明确对数据资产的归属权。数据已经上升为新型的生产要素,与土地和资金等要素类似,也有所属权利。明确数据对于个人、企业和国家的所有权,将对数据的规范化使用、企业利益保护和数字贸易发展起到极大的推动作用。因此,我国需要建立数据资产归属权的政策标准和体系。第一,制定数据确权的财政准则。当前我国的财政准则体系中并不能完成对数据资产的确权。而美国为了推动本国软件产业的发展,制定了专门的软件会计准则。美国软件会计准则的制定,极大促进了美国软件产业的发展,企业对软件的开发利用有了强大的经济动力。因此,我国需要根据数据的特点制定专项会计准则。第二,明确产权边界,加强个人和企业数据所属权保护。个人和企业是数据产生的主体,也是数据的所有者,因此,需要明确各个数字企业和平台在使用数据过程中所产生的利益标准和安全性,保护个人隐私不受侵犯,保证个人和企业数据在使用过程中产生的利益进行合理合法分配。

构建数据流动合作圈,积极探索中国规则主张。在多边体制框架下,积极参与 WTO 跨境电子商务谈判,提出中国跨境数据流动管理主张,加强与美欧对话,共同制定数字贸易规则。在区域协定方面,推动区域性谈判,积极落实 RCEP 规则,对其中电子商务章节中所涉及的跨境数据流动、本地化规则进行有效落实;深化中欧投资贸易协定,积极借鉴欧盟经验,推动数据分级分类标准,构建行业领域数据空间,推动中欧数据跨境流动。实施自由贸易试验区提升战略,在已实施和将要推动的自由贸易试验区中,积极纳入数字贸易内容。在国内自贸试验区、海南自由贸易港、北京服务业深化开放试点、数字服务出口基地等国内开放平台进行系统性的政策试验,设置监管沙盒,进行风险压力测试,探索更高的开放水平、更有效率的监管措施,为高水平、高标准的自由贸易协定和投资协定产生和实施进行政策实验。

(本章执笔人:李俊　李西林　王拓)

第 二 篇

北上广数字贸易发展

第三章 广东数字贸易:发展现状和对策研究

随着互联网、大数据、云计算、5G、人工智能、区块链等技术的快速发展,数字贸易蓬勃兴起并呈飞速发展态势。广东是全国第一数字经济大省,2019年数字经济规模为4.9万亿元,这为广东成为全国第一数字贸易大省奠定了坚实的经济基础。本章主要研究广东数字贸易的发展现状、有利条件、制约因素、路径选择和政策措施,以期较为全面地梳理和分析广东数字贸易发展的优势和不足,为广东数字贸易的持续、快速和高质量发展提供决策参考。

第一节 广东数字贸易发展现状

2019年广东数字贸易进出口规模6800亿元,出口规模超过4600亿元,进出口规模和出口规模均位居全国第一。具体情况如下。

一、货物跨境电商贸易规模全国遥遥领先

据国家海关总署广东分署统计,2019年广东省通过海关跨境电商平台统计的进出口总值1107.9亿元(不包括海外仓、邮快件进出口渠道),同比增长45.8%,占全国跨境电商总值1862.1亿元的59.5%,与排名第二的浙江相比高出43.6个百分点。其中,出口741.6亿元,同比增长62%,占全国78.6%;进口366.2亿元,同比增长21.3%,占全国39.9%。

表 3-1 2019 年全国、广东和浙江货物跨境电商规模　　（单位：亿元）

	进出口情况			出口情况			进口情况		
	进出口总值	同比增长（%）	占全国比重（%）	出口值	同比增长（%）	占全国比重（%）	进口值	同比增长（%）	占全国比重（%）
广东	1107.9	45.8	59.5	741.6	62	78.6	366.2	21.3	39.9
浙江	295.4	—	15.9	—	—	—	—	—	—
全国	1862.1	—	—	944.0	—	—	918.1	—	—

资料来源：国家海关总署广东分署、国家海关总署浙江分署。

二、服务贸易跨境交付规模位列全国前茅

根据前述对服务贸易数字化的界定,2019 年广东服务贸易数字化进出口额为 4147.76 亿元,服务贸易数字化出口额为 1994.4 亿元,按相同指标比较,广东服务贸易数字化出口额分别比上海 3095.9 亿元和北京 2403.5 亿元服务贸易数字化出口额低 1101.5 和 409.1 亿元[①],位居全国第三位。

表 3-2 2019 年广东服务贸易数字化情况　　（单位：亿元）

领　　域	进出口额	出口额
保险服务	175.50	35.18
金融服务	11.55	2.13
电信、计算机和信息服务	1137.11	533.00
其他商业服务	1365.36	661.19
文化和娱乐服务	31.07	3.02
知识产权服务	1001.78	759.88
合计	4147.76	1994.40

注：由于旅行服务、运输服务、建筑服务、维护维修服务、加工服务等虽然也有一定的数字化,但因没有相应的统计数字或难以统计而略去。

资料来源：《中国商务年鉴·2020》。

———————

① 资料来源：根据《中国商务年鉴·2020》整理。

三、离岸服务外包执行额位居全国第四

如表3-3所示,2019年广东离岸服务外包执行额828.0亿元,与2018年同期相比增长3.03%,占全国离岸服务外包执行总额的12.6%,全国排名第四;与江苏离岸服务外包执行额占全国25.0%相比,相差12.4个百分点。

表3-3 全国和广东等主要省份离岸服务外包执行额情况

	中国	广东	江苏	浙江	山东
离岸服务外包执行额(亿元)	6559.5	828.0	1642.4	908.5	867.2
占全国比重(%)	—	12.6	25.0	13.9	13.2

资料来源:《中国商务年鉴·2020》。

四、数字数据服务贸易规模位居全国首位

(一)软件业务出口全国居首位

广东省软件业务出口连续多年位居全国首位。仅以深圳数据为例,2019年深圳软件业务出口额为1402.7亿元(由207.2亿美元折算而来),占全国软件出口总额2633.5亿元的53.26%,位居全国第一;为避免计算深圳软件业务出口额时出现重复计算,扣除深圳当年信息技术离岸服务外包执行额(228.8亿元/33.8亿美元)和电信计算机信息服务出口额(333.4亿元/49.24亿美元)后,深圳软件业务出口840.6亿元。

(二)游戏出口额居全国第一

广东是全国游戏出口第一大省。2019年广东游戏出口额为318.0亿元,同比增长17.8%,占全国游戏出口总额的38.55%。其中,网络游戏出口额为242.2亿元,占广东游戏出口总额的76.1%;游戏游艺设备出口额为72亿元,占广东游戏出口总额的22.6%;家用游戏机出口额为3.8亿元,占广东游戏出口总额的1.3%。

第二节　广东数字贸易发展的
有利条件和制约因素

一、广东数字贸易发展的有利条件

（一）跨境电商产业的领跑者

早在 2016 年，广东省为促进跨境电商产业发展，广东省人民政府办公厅就发布了《关于促进跨境电子商务健康快速发展的实施意见》，大力扶持跨境电商产业发展，使得广东发展跨境电商的各种优势得以充分发挥，确立了跨境电商产业在全国的领先地位。

跨境电商综合试验区数量居全国首位。从跨境电商综合试验区分布看，截至 2020 年广东拥有广州、深圳、东莞等 13 个跨境电商综合试验区（全国有105 个跨境电商综合试验区），比排名第二的浙江多 3 个；《中国电子商务报告2019》的数据显示，东莞、广州和深圳跨境电商零售进出口总额位居全国跨境电商综合试验区前三名。

出口跨境电商企业数量位居全国第一。从跨境电商企业分布看，电子商务研究中心数据显示，2018 年广东跨境电商出口企业数量以占全国 21%的比重位列全国第一，比排名第二位的浙江高 4 个百分点。

跨境电商行业投融资事件居全国榜首。从跨境电商行业投融资事件看，网经社统计数据显示，2019 年广东以 9 起融资事件位居全国第一位，占当年全国融资 29 起事件的 31%。

（二）服务贸易产业数字化进程持续推进

1.服务贸易产业基础实力不断增强

一是广东服务业发展规模大。《广东统计年鉴 2020 年》数据显示，2019年服务业增加值 5.28 万亿元，占广东 GDP 总值的 55.5%；规模以上服务业如信息传输软件和信息技术服务业、交通运输仓储和邮政业、租赁和商务服务业、科学研究和技术服务业等的规模居全国首位。二是企业规模持续壮大。2019 年全国服务业 500 强排名榜单中，广东有 99 家企业入围榜单，分别比排在第二名的北京和第三名的上海多出 39 家、46 家。[①]

2. 服务贸易产业数字化进程加速

为充分利用互联网技术和资源促进经济转型升级，如表 3-4 所示，广东省出台很多规划和政策推进服务贸易产业数字化升级。具体表现在持续推进"金融/会展/物流/旅游/文化/教育/医疗等服务+互联网"，加速了服务贸易产业业态和商业模式的创新。以"金融服务+互联网"为例，截至 2020 年 6 月，广东从事互联网金融的企业超过 1.4 万家，占全国相关企业总量的 22.32%，排名全国第一。[②] 再以"会展服务+互联网"为例，因广交会持续多年的数字化转型升级，虽经新冠肺炎疫情突然来袭，但自 2020 年以来广交会已连续成功线上办展三届，为减缓疫情冲击促进我国和全球贸易发展发挥了重要推动作用。

表 3-4　广东省发布的推进服务业数字化转型相关文件

	文件名称
推进服务业数字化转型措施	广东省"互联网+"行动计划（2015—2020 年）
	广东省深入推进"互联网+流通"行动计划的实施方案
	广东省交通运输"互联网+便捷交通"实施方案
	广东省促进"互联网+医疗健康"发展行动计划（2018—2020 年）的通知
	广东省建设国家数字经济创新发展试验区工作方案
	广东省数字经济发展规划（2018—2025 年）

（三）服务外包产业发展位居全国前列

1. 服务外包产业发展位居全国第二

如表 3-5 所示，2019 年广东服务外包执行额为 1479.3 亿元，占全国服务外包执行额的 13.8%，与服务外包执行额排在全国第一位的江苏占全国 32.4%相比相差 18.6 个百分点；与服务外包执行额排在全国第三位的浙江占全国 10.0%相比，高出 3.8 个百分点。

---

① 数据来源：根据中国企业联合会、中国企业家协会发布的《2020 中国服务业企业 500强》排行榜整理。

② 资料来源：2020 年 7 月 29 日深圳商报官方账号。

表 3-5　2019 年广东、江苏、浙江省服务外包执行额

	江苏	占全国比重(%)	广东	占全国比重(%)	浙江	占全国比重(%)
服务外包执行额(亿元)	3470.3	32.4	1479.3	13.8	1075.1	10.0

资料来源:商务部发布的《中国服务外包发展报告 2019》。

2.服务外包产业发展格局已经形成

2019 年,广州、深圳跻身全国 31 个服务外包示范城市服务外包执行额前五名(见表 3-6)。目前,广东已形成"两核(广州和深圳)""七极(珠海、佛山、东莞、中山、惠州、肇庆、江门)""多点(湛江、梅州、韶关等粤东西北 12 市)"服务外包产业发展格局。

表 3-6　2019 年全国服务外包执行额前五排名城市

	南京	无锡	上海	广州	深圳
服务外包执行额(亿元)	1173.2	731.8	643.8	599.2	544.3

资料来源:商务部发布的《中国服务外包发展报告 2019》。

(四)数字数据产业化规模持续壮大

1.软件和信息技术服务业规模大

软件和信息技术服务收入包括软件产品、信息技术服务、信息安全和嵌入式系统软件四个部分收入。如表 3-7 所示,2019 年,广东软件和信息技术服务业收入为 11874.5 亿元,占全国的 16.48%,略低于北京的 16.63%,位居全国第二。

广东软件和信息技术服务业持续发展的有利条件:一是产业基础良好。广东省软件和信息产业体量大、基础较为厚实,软件著作权登记量、PCT(专利合作条约)申请量多年排名全国第一,以广州和深圳等为代表的软件产业集聚加快,促进了项目、资金、技术和人才等要素的加速集聚,发展态势稳中向好。二是市场主体优势。广东省软件和信息服务企业约为 5000 家,2019 年,18 家企业入选中国软件业务收入百强,16 家企业入选中国互联网企业百强。

超百亿元企业 10 家,超亿元企业 1056 家,从业人员超过 100 万人。① 市场开放度和活跃度高,应用场景丰富,有利于新技术新业态蓬勃发展。三是产业结构优势。产业结构不断优化,云计算、大数据、人工智能、工业互联网等新技术新业态快速发展和融合创新,涌现出一批细分领域领军企业和国家级试点示范应用,产业加快向网络化、平台化、服务化、智能化、生态化演进。

表 3-7 2019 年广东等软件和信息技术服务业收入情况

	北京	占全国比重(%)	广东	占全国比重(%)	江苏	占全国比重(%)
软件和信息技术服务业收入(亿元)	11983.1	16.63	11874.5	16.48	9779.3	13.57
其中:软件产品收入(亿元)	3584.4	17.19	2458.9	11.79	2992.0	14.35

资料来源:工业和信息化部官网,见 www.miit.gov.cn。

2. 游戏产业规模占全国六成多

2019 年,广东游戏产业收入为 1898.0 亿元,占全国游戏产业收入的 60.15%。其中,网络游戏(包括移动游戏、网页游戏和客户端游戏)收入为 1236.5 亿元,具体情况是移动游戏收入为 1182.2 亿元,占全国移动游戏总收入的 78.1%;客户端游戏收入为 3.8 亿元,占全国客户端游戏收入的 79.5%;网页游戏收入仅为 50.5 亿元,占全国网页游戏收入比重较低。

表 3-8 2019 年广东和全国国内游戏市场收入情况

	全国	广东	占全国比重(%)
游戏产业总收入(亿元)	3155.5	1898.0	60.15
游戏产业国内收入(亿元)	2330.2	1655.8	71.06
游戏产业国外收入(亿元)	825.0	318.0	38.55

资料来源:根据《2019 年中国游戏产业报告》、《2019 年广东游戏产业报告》和《2020 年广东游戏产业报告》数据整理。

① 资料来源:《广东省发展软件与信息服务战略性支柱产业集群行动计划(2021—2025 年)》。

广东游戏产业持续快速发展的有利条件:一是移动游戏产品自主研发产品收入全国领先。2019 年,在发展前景看好的移动游戏领域,广东自主研发移动游戏产品国内收入超过 10 亿元的达到 21 款,占据全国的 56.8%;广东发行的移动游戏产品国内收入超过 10 亿元的达到 25 款,占据全国的 67.7%。二是游戏产业市场主体数量居全国首位。截至 2019 年年底,全省注册游戏企业数量超过 1 万家,占全国游戏企业总数的 33.1%,数量上居全国首位;2019年,在全国游戏企业收入前五十的排名中,广东拥有腾讯游戏、网易游戏和三七互娱等龙头企业,以 12 家企业位居全国第二,北京以 13 家位居全国之首,上海以 8 家位居全国第三。三是游戏企业上市融资数量居全国首位。截至2019 年年底,广东游戏上市企业共 45 家,占全国 202 家上市游戏企业的22.3%,其中深圳游戏企业上市 27 家,广州游戏企业上市 9 家,汕头游戏企业上市 4 家。①

3. 动漫产业规模居全国首位

广东动漫产业规模居全国首位。2019 年,广东动漫产业收入 610.0 亿元,占全国动漫产业收入 1941.0 亿元的 31.43%,广东的动漫企业如华强方特、奥飞娱乐等居于全国行业企业领军地位。

广东动漫产业持续发展的条件已经形成。一是初步形成覆盖创作生产、传播运营、消费服务、衍生品制造等各环节的产业链,在不少细分领域建立起领先优势,广州、深圳、珠海、汕头、东莞、佛山、中山等产业集聚地各具特色。二是数字技术、数字设备制造基础扎实,迭代升级快,具有快速渗透和有效支撑产业发展的较强能力,推动数字内容加速向移动化、智能化和融合化方向发展,为数字创意产业带来持续的发展活力。三是制造业和服务业发达,在快消品、教育、旅游等领域融合应用场景丰富,有利于培育形成新的增长点。

4. 数字出版等其他数字产业发展势头强劲

一是数字出版产业规模位居全国前列。如表 3-9 所示,2019 年广东数字出版收入 1800.0 亿元,占全国数字出版产业收入 9881.4 亿元的 18.22%,与

---

① 资料来源:广东省游戏产业协会 2020 年 1 月 14 日发布的《2019 年广东游戏产业发展报告》。

数字出版大市北京数字出版产业收入占全国28.54%相比,低出10.32个百分点,发展空间十分广阔。

表3-9 2019年广东和北京数字出版产业收入情况

	中国	广东	占全国比重(%)	北京	占全国比重(%)
数字出版收入(亿元)	9881.40	1800.00	18.22	2819.95	28.54

资料来源:中国数据来自中国新闻出版研究院于2020年12月发布的《2020—2021中国数字出版产业年度报告》,广东数据来自2020年11月17日《深圳特区报》,北京数据来自艾瑞发布的《2019北京数字出版年度行业报告》。

二是互联网广告收入增长迅速。如表3-10所示,2019年,广东互联网广告头部企业腾讯、唯品会、虎牙和迅雷4家企业互联网广告收入合计为731.6亿元,占全国当年互联网广告收入4376.0亿元的16.8%,位列北京和浙江之后。近年来广东互联网广告收入增长迅速,以腾讯为例,2019年全年网络广告收入为683.77亿元,同比增长18%;网络广告收入增长主要得益于微信月活跃用户的增长,微信及WeChat的合并月活跃用户数量为11.65亿人,同比增长6.1%。通过朋友圈广告的资源放量与流量利用效率优化提升等,使社交流量红利得到更加充分的释放。

表3-10 2019年全国及主要省市互联网广告收入情况

	全国	广东	广东占全国比重(%)	浙江	北京
互联网广告收入(亿元)	4367.0	731.6	16.8	1745.7	1552.7

资料来源:数据来自中关村互动实验室和北京师范大学新闻传播学院于2020年1月联合发布的《2019年中国互联网广告发展报告》。广东互联网广告收入为腾讯(683.8亿元)、唯品会(42.74亿元)、虎牙(3.96亿元)和迅雷(1.14亿元)4家公司数据,浙江互联网广告收入为阿里巴巴(1745.74亿元)1家公司数据,北京互联网广告收入为百度(781亿元)、京东(426.8亿元)、58同城(101.59亿元)、搜狐(84.82亿元)、爱奇艺(82.87亿元)、搜狗(75.59亿元)7家公司数据。

三是云服务呈现快速发展势头。广东近两年云计算产业发展进入持续高速发展阶段,2019年,广东云计算收入255.0亿元,占全国云计算收入的

19.12%（见表 3-11）。其中,腾讯云计算收入 170.0 亿元,增速持续高于市场,成为中国首家、全球第 5 家服务器总量超过百万的公司,同时也是中国首家带宽峰值达到 100T 的公司,这标志着腾讯云服务的业务规模、承载的网络流量迈入全球第一梯队;华为云计算收入为 85 亿元,前三季度同比增速超过 300%,目前在中国市场华为云已服务于政府、互联网、汽车制造、金融等多个行业,在国外华为云与合作伙伴在 23 个地理区域运营 45 个可用区,支持了跨国企业获取全球化一致业务性能的公有云服务需求。

表 3-11　2019 年全国和广东云计算收入情况

	广东	占全国比重（%）	全国	同比增长（%）
云计算收入 （亿元）	255.0 （腾讯 170.0,华为 85.0）	19.12	1334.0	38.6%

资料来源:中国数据来自中国信息通讯研究院发布的《云计算发展白皮书 2020 年》,腾讯云收入来自腾讯 2020 年财报,华为云收入根据 IDC 发布的《中国公有云服务市场（2019 上半年、2019 下半年）发展报告》。

二、广东数字贸易发展的制约因素

（一）数字贸易发展的产业基础不强

广东数字贸易发展的产业基础规模大,但产业核心竞争力不强。表现在:

1. 产业发展的关键核心技术受制于人

以软件和信息技术服务业为例,由于我国软件产业是嵌入到发达国家软件产业链条中发展的,因此基础软件、工业软件缺乏自主可控的核心技术,操作系统、数据库、中间件等自主基础软件市场占有率较低,自主软件生态产品少且更新迭代慢。

2. 产业发展的原始创新能力不足

以文化创新产业的动漫行业为例,由于产业发展的脉络是模仿到跟跑,原创生态系统尚未形成,产业上中下游的链条还不健全,导致动漫内容原创能力不足,缺乏具有国际影响力的优势原创品牌和精品 IP（知识财产）;数字建模、交互引擎、后期特效系统等开发工具、基础软件对国外依赖程度高,关键技术"卡脖子"问题突出;等等。

（二）数字贸易发展的市场主体不大

广东数字贸易发展的市场主体数量多，但以中小企业为主，限制了市场主体的发展能力。主要表现在：

1. 数字贸易市场主体多，但行业细分领域龙头企业少

以软件产业为例，2019 年，广东企业软件业务收入不足亿元的中小企业约占总数的 80%；从行业企业软件业务平均收入看，广东企业软件业务平均收入为 2.45 亿元，与北京企业软件业务平均收入 3.21 亿元相比，低 23.7 个百分点。由于广东软件企业以中小企业为主，企业创新投入不足，导致软件细分领域龙头企业较少，也就没有形成具有国际影响力的品牌产品。

表 3-12　2019 年广东、北京软件业务收入　（单位：亿元，家）

	软件业务收入	企业个数	企业软件业务平均收入
广东	11874.6	4854	2.45
北京	11983.1	3728	3.21

资料来源：工业和信息化部官网，软件业务包括软件产品、信息技术服务、信息安全和嵌入式系统软件。

2. 广东缺少大型跨境电商综合性服务平台

一是货物跨境电商平台企业规模不够大。在全国货物跨境电商头部平台企业中，北京有京东、杭州有阿里巴巴、上海有拼多多，这些电商企业无论规模和影响力都十分巨大，有力地助推了当地货物跨境贸易的发展；虽然广州唯品会和深圳菜鸟在全国电商企业排名进入前 10 名，但企业整体规模及其行业影响力等与阿里巴巴、京东等差距较大。二是没有服务跨境电商大型平台企业。在全国服务跨境电商头部平台企业中，北京有美团，上海有携程，这些平台也都有力地促进了当地服务跨境贸易的发展。

（三）数字贸易从业中高端人才缺乏

1. 数字产品原创人才匮乏

以游戏、动漫等文化创意产业为例，原创人才短缺，既能原创又了解出口目的国家文化的复合人才更稀缺；同时，因广东大部分企业还没有建立起合理有效的人才评价和激励机制，因此省域竞争数字产业人才流失正面临较大的风险。

2.人才结构性矛盾突出

以软件产业为例,前沿理论、关键共性技术等方面的领军型人才、既懂软件技术又熟悉业务流程的复合型人才和云计算、大数据、人工智能、区块链等高技能人才缺口较大;再以服务外包信息技术流程为例,软件程序师和测试师市场容易找到,但软件架构师难寻。

(四)数字贸易发展政策未成体系

1.服务贸易数字化政策存在缺失

近年来,我国货物贸易数字化(货物跨境电商)发展持续加快,也得到了上至国家下到省市相关政策的扶持;但服务贸易数字化(服务跨境电商)的政策尚未出台,因缺少相关持续政策引导和加持,服务贸易数字生态也远未形成。

2.数字数据贸易政策尚未成体系出台

数字数据贸易作为新兴贸易业态,近年虽然呈快速发展之势,在一些细分领域也有相关扶持政策出台;但有针对性、系统性的扶持政策和措施,无论是国家各有关部委还是省级相关厅局等都还未系统出台有关扶持政策。

(五)数字贸易营商环境竞争激烈

1.国内数字贸易竞争日趋激励

一是国内东部省域为促进数字经济和数字贸易发展纷纷出台规划和政策,受这些强有力的扶持政策规定虹吸效应影响,广东汇聚优质数字贸易资源能力开始弱化,竞争优势日益缩小。二是数字领域稳定、有序的竞争环境还没有形成。如游戏、动漫和电竞行业竞争激烈,产业发展缺乏舆论引导和行业自律,稳定、有序和可预期的发展环境尚待形成。

2.国际数字贸易竞争日渐白热化

一是受美国持续打压我国信息等高技术产业发展的影响,国际软件与信息服务等数字产业市场竞争更加激烈,关键、核心软件产品和软件服务等数字贸易条件持续恶化。二是各国文化和政策差异,国内文化创意产品和服务出海,存在着流量渠道竞争激烈和产品研究运营风险高等挑战。

第三节　广东大力发展数字贸易的路径选择

一、确定重点发展领域

（一）大力发展货物跨境电商

广东是全国跨境电商大省，新冠肺炎疫情凸显出货物跨境电商的巨大优势，货物跨境电商贸易模式在未来的全球货物贸易中将发挥越来越大、前所未有的作用。

1. 加快发展 1210、9610、9710、9810 等形态跨境电商模式

抢抓全国跨境电子商务综合试验区扩围之机，全面推进货物跨境电商各种模式在广东 13 个拥有全国跨境电子商务综合试验区的城市落地，推动出口退货返修、跨境进口保税备货退货、保税展示交易等模式深入开展。

2. 持续推进跨境电商发展环境

有效推进金融创新服务跨境电商发展需要，完善适应跨境电商贸易要求的海关、税务、外汇等监管和跨境支付、物流等配套支撑体系。鼓励跨境电商企业自建网络平台和信息化服务系统，支持各类跨境电商平台建立商品品质溯源机制，实现商品从原产国进口到国内销售全过程的溯源。

（二）加快推动服务贸易数字化

1. 大力推进"服务贸易+互联网"，加速服务贸易数字化进程

随着 5G、大数据、云计算、人工智能和互联网/物联网/工业互联网等新技术的广泛应用，服务产品网上交付的及时性、便利性和低成本性将使服务跨境交付成为全球服务贸易的主要模式。因此，一方面，要大力推进旅行和运输等传统服务贸易数字化，有效拓展旅行和运输等国际服务市场；另一方面，加快推进金融保险、知识产权和其他商业服务等现代服务贸易数字化进程，提升现代服务贸易的国际竞争力。

2. 打造服务贸易数字化全链条线上场景，推进服务贸易与互联网深度融合

鉴于 60%以上的服务贸易都可利用互联网进行线上交易交付，因此推进

服务贸易的数字化线上场景,有效提升相关服务产品线上跨境交易交付的便捷便利等体验,已成为有效推进服务贸易数字化的重中之重。

（三）积极促进服务外包高质量发展

1. 做大做强服务外包平台和主体

贯彻落实《商务部等 8 部门关于推动服务外包加快转型升级的指导意见》,继续认定一批省级服务外包示范城市、示范园区、服务外包重点企业和重点培育企业,做大做强服务外包市场主体和发展载体。

2. 推动服务外包产业转型升级

依托粤港澳大湾区建设契机,推动珠三角地区稳步快速发展服务外包业务,重点发展软件开发、医药研发、工业设计、金融外包、新一代信息技术、文化创意、飞机维修等业务,积极培育服务外包新业态新模式,推动广东省服务外包产业向高技术、高附加值、高品质和高效益转型升级。

（四）着力发展数字数据服务贸易

1. 深入开展数字产品贸易

一是大力提升数字工具国际服务能力。一方面,持续培育基础软件、工业软件、新兴平台软件等软件产品的国际竞争力,提升软件产品的附加值;另一方面,持续提升软件国际服务能力,持续拓展国际软件服务市场。二是有效提升数字内容国际服务能力。重点是深入研究各国文化习俗、思维方式和表达手法,提升制作水平,生产出外国消费者喜爱的数字游戏、数字动漫、数字影视、数字图书和数字音乐,不断提升创意文化产品的吸引力。

2. 探索开展数据国际服务

数据已成为数字经济发展的重要生产要素,广东是数据大省,要切实充分发挥数据服务的作用。一是要认真做好数据采集、数据处理、数据加工、数据存储等工作,充分挖掘和利用数据经济价值。二是在确保信息安全的情况下,允许企业服务数据的跨境流动。

3. 积极推动在线国际服务

进一步推进"互联网+服务业"发展战略,有效推动数字生活新服务。一是大力发展新零售。引导企业运用大数据、云计算、人工智能、区块链等数字技术,加快发展以供应链管理、品牌建设、线上线下一体为特征的新零售,以网络协同和数据智能为核心,探索发展智能商业。二是着力发展远程教育。支持业内优质教育品牌投入线上课程建设,促进优质教育资源供给和共享,着力打造若干品牌数字学校。三是打造全域旅游数字服务。加快线下商旅资源与线上入口对接,形成全域旅游数字服务矩阵。四是支持开展"互联网+"健康咨询、创意设计、医疗、护理等服务,加快推进药房线上线下全流程服务。培育海洋制造业保税维修数字交易平台,实现对维修产品通关、监测维修、交易、融资、交付使用等全生命周期的数字化管理,形成对高端产品监测维修的生态化支撑体系。

4. 持续推动数字平台国际服务

一是加强与国外政府和行业的合作,支持华为、中兴等企业赴海外拓展IT基础设施服务市场,持续提供基础设施即服务(IaaS)。二是大力培育一批货物跨境和服务跨境平台服务企业,提升平台即服务(PaaS)能级,为数字贸易提供底层操作系统。三是进一步加快基于企业和消费者的软件即服务(SaaS)等云服务发展,支持跨境电商企业与云服务企业形成"B2B+SaaS+供应链金融",构建和形成数字贸易服务生态网络。

二、提升数字贸易产业核心竞争能力

(一)持续推进数字贸易产业规模持续壮大

1. 大力推进传统产业数字化

加快工业互联网平台建设,推动企业"上云上平台"。支持工业各领域制造业骨干企业与互联网平台企业合作,围绕企业生产、管理、经营等关键环节,运用工业互联新技术、新模式实施数字化、网络化和智能化升级,在降本增效的同时促进制造业企业向服务化转型,有效提升企业生产性服务业线下线上的国际服务能力。

加快推进服务业数字化转型。大力实施"服务业+互联网"战略,积极推进旅游、运输、金融保险、专业服务等拥抱数字技术,充分利用数字技术加快服务业线下场景线上化,促进服务业与互联网的深度融合,切实提升服务的便利性和可及性。

2. 着重培育数字产业化

积极推进数字产品产业化发展。紧密围绕广东电子信息产业、新能源汽车产业等的稳链补链强链工程,强力推进数字产品和软件服务产业化,做大做强基础软件、核心软件和应用软件规模和水平。

大力推进文化创意产业化发展。以数字技术为核心驱动力,培育形成覆盖创新生产、传播运营、消费服务、衍生品制造等各环节的游戏和动漫全产业链,打造专业化、国际化、高端化的全球数字创意文化产业高地。

着力推进数字平台产业化。以龙头企业为主体,持续提升跨境电商平台、云计算服务平台、社交媒体平台的数字数据国际服务能力,加快培育形成数字平台产业核心竞争能力。

(二)积极促进数字贸易产业集聚发展

1.积极推进跨境电商产业集聚发展

紧抓国家跨境电商综合试验区政策东风,充分发挥跨境电商综合试验区作用,充分发挥"广东制造业基地+跨境电商企业众多+电商人才云集"的优势,构建和打造"三核(广州、深圳和东莞)"为主、"多极(佛山、珠海、中山、惠州、肇庆、梅州、江门、湛江、汕头和茂名)"支撑的跨境电商产业新格局。

2.持续完善服务贸易产业发展格局

充分释放"两区"政策红利,深入推进广州和深圳服务贸易创新发展试点工作,持续优化"两核(广州和深圳)""七级(珠海、佛山、东莞、中山、惠州、肇庆、江门)""多点(汕头、汕尾、潮州、揭阳、湛江、茂名、清远、河源、英德、梅州、韶关)"的发展格局,充分发挥"两核"带动和辐射作用,充分挖掘"七级""多点"产业优势,推动广东省服务贸易产业区域特色发展。

3.持续培育服务外包产业发展新优势

以《商务部等8部门关于推动服务外包加快转型升级的指导意见》为统领,充分发挥广州和深圳作为全国服务外包示范城市的带动作用,加快推进省级服务外包示范城市(广州、深圳、佛山、东莞、珠海、中山)服务外包产业集聚发展,着重推动省级服务外包示范园区[广州开发区、广东金融高新技术服务区、东莞松山湖高新技术产业开发区、广州南沙经济技术开发区、深圳软件园、珠海南方软件园、广东省(佛山)软件产业园、广东工业设计城、东莞莞城科技园、肇庆华南智慧城]数字化转型、形成新优势,切实推进广东服务外包产业持续、高质量发展。

4.加速促进数字数据产业集聚发展

抢抓数字经济、数字贸易发展契机,充分发挥广州和深圳两个数字产业大市引擎作用,带动全省数字产业集聚发展。

加速软件产业集聚。支持各地市打造一批发展定位清晰、产业基础良好、创新体系完善的软件产业区,促进软件产业向专业化、特色化、品牌化和高端化发展。主要是强化广州、深圳两个中国软件名城的产业集聚效应和辐射带动作用,培育自主软件产业生态,加强与港澳开展合作,提升粤港澳大湾区核心城市协同创新水平,引领全省软件与信息服务产业高质量发展。支持东莞依托电子产品和工业互联网等产业基础,发展嵌入式软件和新型工业软件;支持珠海做大做强集成电路设计和办公软件等优势软件产业,加快迈向千亿产业规模;支持惠州、佛山和中山等市围绕电子信息、装备制造、智能家电等特色产业领域,加强与大型平台企业合作,发展平台化、SaaS化软件和新型信息服务;支持江门、肇庆和粤东粤西粤北地区以新型信息基础设施为支撑,培育发展云计算、大数据、工业互联网等信息服务和配套产业。[①]

推动文化创意产业发展。推动全省形成"双核多点"的数字创意产业发展格局。主要是充分发挥"双核(广州、深圳)"数字创新产业的引领、带动和辐射作用,支持珠海、东莞重点发展游戏动漫、演艺娱乐和数字会展等;支持佛山重点发展影视制作和工业设计等;支持汕头重点发展玩具、服装等文化创意衍生品制造;支持中山重点加快游戏游艺设备业数字化转型,建设国际设计港;鼓励其他城市发展具有区域特色的数字创意产业,推动全省数字创意产业高质量发展。

(三) 着重培育数字贸易产业创新能力

1.加大软件关键核心技术研发投入力度

持续培育基础软件服务能力。支持龙头骨干企业研发具有主流自主知识产权的操作系统、数据库、中间件、办公软件等基础软件;引导企业聚焦产业薄弱环节加大研发力度,完善基础软件产业链;推动通用软硬件适配测试中心建设,健全完善适配服务体系,提升系统解决方案能力。

---

① 资料来源:《广东省发展软件与信息服务战略性支柱产业集群行动计划(2021—2025)》。

重点突破工业软件瓶颈。瞄准 CAD/CAM、CAE 等通用工具软件、EDA 技术研发与应用、工业软件共性支撑技术、重大工程与特色行业软件等方面，集中力量突破一批重大技术瓶颈，掌握自主知识产权；聚焦电子信息、装备制造等重点产业，加快培育系统解决方案能力，逐步建立安全可靠的新型工业软件生态服务系统等。

2. 加强游戏动漫核心技术攻关力度

聚焦关键核心技术攻关。实施人工智能、VR、3D 显示等重点科技专项，加速游戏引擎、数字特效、图像渲染、VR/AR/MR、全息成像、裸眼 3D 等关键核心应用技术的集中攻关。

打造数字技术与创意产业融合应用示范项目。主要是推进云游戏数字技术创新应用，试点建设云游戏基础设施，提供云引擎、云托管等优质云服务，构建云游戏生态闭环；支持利用大数据、人工智能技术助力内容创作、分发、互动、管理，实现智能剪辑和制作、内容精准推送等服务创新。

（四）推进数字贸易产业开放式发展

1. 出台数字贸易准入负面清单

充分发挥深圳建设有中国特色社会主义先行示范区、广东自贸试验区、粤港澳大湾区等"三区"制度创新方面的先行先试，向国家申请赋予广东在数字贸易产业与港澳服务合作上更多自主权，进一步取消或放宽公司的股权比例、资本要求、业务范围等限制，让港澳服务机构和专业人士更容易在内地开设公司和发展业务；将港澳数字贸易服务进入广东市场审批权下放广东，在广东实行对港澳更加精简透明的数字贸易负面清单，推动粤港澳金融、保险、教育、医疗、文化、电信、管理咨询等数字贸易产业深度合作。

2. 加快粤港澳数字贸易产业标准对接

要积极主动向国家申请在国务院相关部门主导和指导下，开展粤港澳数字贸易产业准入标准、服务质量标准和从业人员标准对比研究，对标国际最好标准、最高水平，共同探索并发布实施经粤港澳三地协商一致且社会各方普遍认可并广泛执行的"湾区标准"；逐步建立与港澳对接的数字贸易市场管理体系，允许符合"湾区标准"的数字贸易服务企业在广东备案审核后直接开展相关业务，实现粤港澳数字贸易产业各种生产要素在广东的优化配置。

三、培育壮大数字贸易市场主体

（一）打造数字贸易跨国领军企业

1.培育各领域数字贸易领军企业

在货物贸易跨境电商、服务贸易数字化、离岸服务外包、数字数据跨境服务等各个数字贸易领域,培育一批占据全球价值链中高端地位的数字贸易领军企业。

2.打响广东数字服务品牌

鼓励和支持领军企业开展便于服务市场布局和拓展,通过数字贸易带动数字技术、数字数据服务等标准"走出去",打响"中国(广东)数字服务"品牌。支持领军企业开展跨国投资合作,通过新设、并购和合作等方式,积极加快境外数字贸易推广运营中心建设,持续开拓国际数字贸易市场。

（二）做强数字贸易骨干企业

1.定准培育骨干企业领域

在货物跨境电商(如 B2B、B2C)、服务贸易数字化(如金融保险、知识产权服务、其他商业服务)、离岸服务外包(如嵌入式软件、业务流程再造、工业设计、检验检测)、数字数据服务(如基础软件、工业软件、平台应用软件,移动游戏、客户端游戏,动漫、云计算、社交平台)等领域,培育一批具有行业影响力的数字贸易骨干企业。

2.提升骨干企业核心竞争力

鼓励数字贸易骨干企业紧跟国际技术和商务前沿,创新数字贸易服务业态和商业模式,迈向全球价值链中高端;支持骨干企业开展跨地区、跨行业合作,通过融合区域和行业产业链、产品链和价值链,提升数字贸易核心竞争力。

（三）发展数字贸易特色企业

1.选准培育特色企业领域

选准在线旅游、远程中医疗、远程教育、科技金融、短视频、数字音乐、数字图书、数字电影等数字贸易细分领域,积极培育国际化程度高、具有竞争优势的中小型数字贸易企业发展。

2.打造专精新特企业

鼓励创新型、创业型数字服务中小微企业发展,支持企业走"专、精、新、特"发展道路。重点推进数字贸易园区集聚发展,支持中小企业与领军企业和骨干企业开展协作,形成有竞争力的服务贸易企业生态网络。

四、提升数字贸易平台能级

(一) 加速推进数字贸易平台升级

1.提升国家数字服务出口基地功能

充分发挥广州天河国家级数字服务出口基地作用,大力推动数字内容、数据服务、数字金融等数字贸易;通过加快数字贸易产业集聚等措施,持续完善基地数字贸易平台,不断提升数字贸易综合服务功能。

2.做大做强货物和服务跨境电商平台

聚焦发展专业化和精准化的电商服务,积极支持广州、深圳和东莞等城市建设一批农业、工业和服务业等细分领域的垂直跨境电商平台规模化发展。鼓励有条件的货物和服务贸易企业平台化发展,积极支持其采用线上跨境交付贸易模式,推动企业跨境服务平台向专业化、国际化、品牌化发展,引导企业服务平台开展第三方服务。

3.着力提升数字服务平台能级

聚集数字工具、数据服务、云服务、社交媒体等数字数据服务平台,支持这些平台大力提升数字数据国际综合服务能力和水平。建设数字文化产业平台,促进网络游戏、网络视听、网络文艺、数字影视、数字阅读、数字动漫、数字创意、互动新媒体等文化贸易创新发展,持续推进数字文化产品和服务出口。

4.优化数字平台发展政策环境

合理设置数字平台行业准入规定和许可,降低数字平台"一照多址"和"一址多照"办理门槛,简化数字平台企业分支机构设立手续;持续完善电子商务平台经营者数据库,提高"以网管网"能力,健全以信用监管为基础的新型监管机制,充分发挥数字平台企业对市场主体的组织、引导、协调和规范功能。

(二) 打造数字贸易公共服务促进平台

1.搭建数字贸易线上线下服务平台

支持和鼓励数字贸易出口基地和数字贸易产业园区搭建数字贸易线上线

下服务平台,健全企业展示、海外推介、信息共享、项目对接、版权服务、影视文化、金融服务等核心功能,实现数字贸易功能的集聚。

2. 建立批量数字贸易公共服务平台

推动建立数字贸易知识产权综合服务平台、数字贸易跨境支付结算平台、数字贸易数据共享服务平台、跨境贸易数据合规咨询服务平台等公共服务平台,提升服务数字贸易企业的能级和水平。

3. 成立广东省数字贸易产业投资促进会

支持广东省服务外包产业投资促进会向省数字贸易产业投资促进会转型,以便沟通和整合相关政府部门、企事业单位、国内外数字贸易企业等各方资源和数据。一方面,有利于加快推进国内外数字贸易网络系统建立,为数字贸易企业开展业务提供相关信息服务;另一方面,也有利于推进"政产学研用"合作平台建设,为广东省数字贸易产业发展提供人才和智力支撑。

五、建设数字贸易新基建

(一) 加快建设新型互联网基础设施

1. 打造全国 5G 区域创新应用高地

加快 5G 组网进程,争取尽快建成珠三角 5G 宽带城市群,实现粤东西北城市、县城及中心城镇区 5G 网络覆盖;围绕重点应用场景,提升建设速度、融合深度和应用广度,丰富 5G 服务功能。

2. 建设一批高质量传输网络

进一步提升新一代互联网(IPv6)端到端贯通能力,加快窄带物联网(NB-IoT)建设和全覆盖,深化工业物联网(NB-IoT)应用,推动设备联网数据采集。持续提升海底光缆容量,聚集广州和深圳数字贸易集聚区,加快建设和开通国际互联网数据专用通道,为数字数据流动提供高效便捷传输通道。

(二) 加快建设数据和智算中心集群

1. 推进超算中心建设

加快国家超级计算广州中心和深圳中心升级改造,支持深圳鹏城"云脑"、珠海横琴先进智能计算平台、东莞大科学智能计算平台等智能超算平台建设。科学合理、统筹规划全省数据中心建设,支持广州、深圳主要建设低时延类小型或边缘数据中心,有序推动其他地区建设数据中心集聚区。顺应计算生态向移动端迁移的重大趋势变化,鼓励国内领军企业牵头推动鲲鹏等创新生态发展,加快完善自主计算产业生态。

2. 提升云服务能力

积极鼓励发展多元化的云部署模式,集聚一批具有全球服务能力的公共云服务商。支持云服务企业在重点市场架设出海云平台,提供公有云、私有云、混合云、专有云部署模式。鼓励企业开展绿色节能、高效计算的区域型云数据中心建设,降低中小型创新企业开发成本。

(三) 推动建设数字贸易管理平台

1. 加快"数字港口"建设

探索利用区块链、物联网等技术实现数字围网,以数字监管为核心,建设"数据管住、口岸便利、进出高效、全程可控"的新型口岸,提升港口设施数字化水平。

2. 建设跨境数字贸易区块链产业平台

注重源头管理,支持海关、税务机构、外汇管理机构、商业银行、电商平台等多方单位实现基于数据的综合服务与创新应用,提高各类交易和数据流通安全可信度。

3. 建设数字一体化监管产业平台

充分利用大数据、人工智能、区块链、5G等先进信息技术,对涉及关键技术、平台安全、数据安全和个人隐私安全的服务贸易,加大综合监管。

第四节　广东促进数字贸易发展的政策措施

一、加强数字贸易规划引领

(一) 成立数字贸易领导机构

建立数字贸易发展协调推进机制。成立省数字贸易发展领导小组,定期召开会议,协调推进贸易、产业、财税、金融、科技等数字贸易相关领域政策叠加,发挥协同效应,协调解决跨部门重要事项和问题,形成上下联动、条块结合、协同高效推进数字贸易发展的机制,督促检查有关工作的组织和落实。建立数字贸易重点企业联系制度。

(二) 出台数字贸易发展规划

研究编制《广东省数字贸易发展规划 2021 — 2025 年》(以下简称《规划》)。要加快《规划》的编制工作,明确工作目标,合理规划产业布局,确定重点发展领域和主要工作任务,出台政策措施,以便明确发展方向,有计划、有步骤地指引和推进全省数字贸易的发展。

(三) 强化责任落实

广东省各地市、各部门要紧密结合各自承担的任务,明确任务分工、完成时限和成果形式,切实推动规划各项任务落地见效。建立目标考核、信息报送、绩效评估和容错纠错等制度措施,优化激励和约束机制。

二、构建数字贸易政策扶持体系

(一) 出台财税扶持政策

发挥财政基金引导作用,充分发挥服务贸易创新发展引导基金作用,支持符合政策导向的数字贸易企业创新发展。设立数字贸易发展专项基金,扩大对数字贸易企业的专项扶持数额和对重点项目的扶持力度,对企业研发投入、人才培训、市场拓展等项目给予资金支持。鼓励数字龙头企业、产业联盟等牵头成立相关领域发展基金,引导国内外数字领域高端团队和原始创新项目在粤落地发展。将数字贸易纳入服务贸易发展重点支持类型,对企业应用新技术、开展数字化转型升级给予一定的税收优惠政策。

(二) 拓展金融扶持政策

积极拓宽数字贸易企业融资渠道,鼓励和支持金融机构创新适应数字服务贸易发展特点的金融服务。支持包含专利、商标、版权等知识产权进行融资,推动知识产权等无形资产证券化。运用贸易金融、股权投资等多元化金融工具,加大对数字贸易国际市场开拓的支持力度。优化数字贸易企业出口信贷、出口信保政策。

三、加强数字贸易高端人才引育

（一）加快培育数字领域高端人才

1.建立数字贸易人才培育机制

构建"政产学培"数字贸易人才培育合作机制，明确数字贸易人才培育责任义务，协同研究制定数字贸易人才专业设置、培育标准、培育模式和培育体系，通过政府政策推动、产业人才需求引导、高校培育体系建立、培训机构积极参与四方有效协同联动，为加快培育数字贸易高端人才提供保障。

2.构建数字贸易多元化人才培育体系

支持高校在国际贸易专业项下设立数字贸易专业方向，构建数字贸易人才培养体系，加快培育数字贸易紧缺人才。鼓励企业加强与高校合作，探索设立数字贸易学院，深化产教融合，加快构建面向数字贸易产业前沿需求的人才培养模式。建立省级数字贸易人才培训基地，举办数字贸易各领域的专业培训班，迅速普及数字贸易理论知识、关注热点和政策实践。

（二）加大数字领域高端人才引进力度

1.出台引进人才工作各项配套政策

出台更加开放的引进高端人才停居留政策和出入境便利举措，探索整合外国人工作许可和工作类居留许可，便利外国人来华就业，支持优秀外国留学生在数字贸易领域创新创业；向国家申请允许广东将自贸片区引进境外人才享受一定程度个人所得税减免政策复制到湾区国家数字贸易出口基地，加速数字领域高端人才在粤的集聚。

2.完善引进人才生活各项配套政策

积极为引进的数字贸易高端人才创造良好的生活环境，对国际数字领域高端人才住房安置、家属居住证许可、子女就学等配套服务给予保障，解决他们的安居之忧。

四、优化数字贸易营商环境

（一）推动数字贸易制度规则标准体系建设

1.制定数字贸易负面清单

制定广东自贸片区数字贸易负面清单，进一步放宽数字贸易领域投资和经营限制,允许国外电子商务等数字服务提供商通过设立分支机构的方式进入市场。

2.建立数字支付监管制度体系

在自贸试验区自由贸易账户监管体系下,建立数字支付监管制度体系,完善新金融监管制度和技术体系,适时开放数字支付服务。

3.设立数字政策先行先试试验区

探索建立国际离岸数据中心,建立数字特殊监管区域,在区域内先行先试各项改革政策。

（二）探索数字贸易规则体系建设

1.加快构建粤港澳数字贸易规则框架

推动粤港澳建立数字贸易规则研究与磋商机制性安排,推动数字证书、电子签名、软件实名认证、数据产地标签识别为基础的监管体系。

2.着重推进数字贸易地方立法

通过立法,明确数字贸易界限,确定数字数据所有权归属,规定跨境数据流动范围,简化数据要素流动管理程序,增加数据使用与审查的透明度,减少阻碍数字贸易发展的国内外障碍。

（三）引领数字贸易标准体系建设

1.成立广东省数字贸易标准化技术委员会

推进数字贸易领域在电子合同制定、签署、档案管理、业务信息系统建设等关键环节的标准规范和指引的研究制定,扎实推进数字贸易标准体系建设。

2.积极参与数字贸易国际标准制定

大力引导和支持数字贸易头部企业参与国际相关行业组织,发挥在跨境电商等数字贸易领域的先发优势,参与引领和构建全球跨境电商等数字贸易行业服务标准体系。

3.构建数字贸易统计体系

研究建立数字贸易统计指标体系;建设数字贸易统计监测系统,开展数字贸易企业数据直报工作,定期开展数字贸易数据统计分析;加强数字贸易统计队伍建设,有效推进数字贸易统计工作的顺利开展。

（本章执笔人:林吉双）

第四章 北京数字贸易:现状、问题与策略研究

随着信息技术及互联网的发展与数字经济的崛起,数字贸易成为当下时代发展的主要贸易形式。"互联网+大数据"技术与现代商贸流通体系的深度融合推动了商业模式革新,减少了产品贸易的中间环节,实现了贸易流程、技术、业态与效率上的颠覆性创新。在国内国际双循环相互促进的新发展格局下,推动经济的数字化转型,重塑以数字贸易为核心的贸易形态,已成为当前贸易发展的新趋势。数字贸易已成为世界各国重点关注与争相发展的聚焦领域。

作为"全国政治中心、文化中心、国际交往中心、科技创新中心",北京拥有得天独厚的数字设施基础与资源禀赋。互联网独角兽与千里马企业云集,世界500强总部林立,社交媒体发达,创新、资本、人力等要素汇聚,数字生态活力迸发,为北京聚焦数字经济与贸易发展奠定了基础性竞争优势。"十三五"时期以来,北京深入贯彻落实习近平总书记重要讲话精神,将推动数字经济与贸易发展上升至影响经济与社会高质量发展的城市战略,积极培育新形势下参与国际合作和竞争的新优势。经初步测算,2019年北京数字经济增加值占GDP比重的38%左右,第三产业增加值占GDP比重的83.5%,均居全国首位①,而与此形成鲜明对比的是,北京服务贸易规模占整体进出口贸易的比重仅不到四成②。因此,与日新月异的数字经济和欣欣向荣的现代服务业发展

---

① 佚名:《发挥北京要素资源优势 推动经济高质量发展 社会各界建言"十四五"释放要素潜能》,《北京日报》2020年12月17日。

② 数据来源于2020年《北京统计年鉴》与《中国商务年鉴·2020》。

对比而言,北京发展数字贸易正当其时且大有可为。"十四五"时期,北京或将数字贸易作为服务贸易高质量开放的亮点,在发挥数字资源优势的基础上,加快试点示范和政策创新,吸引数字领域高端产业落地,逐步将其打造成为具有全球影响力的数字贸易先导区。

第一节　北京数字贸易发展现状

一、数字货物贸易爆发式增长

2018 年 7 月,北京获批成为国家跨境电商综合试验区,随后北京市商务局出台了《2019 年推进中国(北京)跨境电子商务综合试验区服务体系建设工作方案》等专项政策,对跨境电商行业给予多方位扶持。2020 年北京海关先后推出"全国首个医药电商进口试点""全国唯一免税保税政策相衔接试点""全国首条'一带一路'快速铁路跨境电商运输线""全国首批跨境电商出口退货试点""全国首批跨境电商 B2B 出口试点""网购保税进口线下自提"六项创新业务,有效推动了跨境电商新业态快速发展。自上述业务开展以来,北京海关已验放跨境电商 B2B 出口商品货值约 6.8 亿元,放行快速铁路运输跨境电商货物 5.6 吨,清单 13.6 万票,验放跨境电商零售进出口退货商品价值超过 350 万元。①

在医疗健康领域,北京正打造跨境电商进口医药"北京模式",这也是我国跨境电商政策首次在涉及医药进口领域破冰,该模式下北京海关已验放跨境电商医药商品价值逾 5000 万元。目前,顺义区内阿里健康、京东健康等企业已开展跨境电商进口医药业务近 20 万票,正在争取扩大试点品类,不断提高国际医药贸易规模。②

---

① 袁璐:《海关多项全国首创政策促"两区"建设,北京锻造跨境电商特色监管模式》,《北京晚报》2021 年 4 月 19 日。
② 资料来源于北京市顺义区人民政府网,见 http://www.bjshy.gov.cn/web/zwgk/zfxxgk2/zdlyxxgk/csjxhgl/907924/index.html。

二、数字服务贸易稳步扩张

(一) 服务跨境交付规模不断壮大

2019 年北京实现服务贸易数字进出口额 1601.42 亿元,相较于 2016 年增长 33.5%,占据全部服务贸易进出口的比重为 14.5%,相较于 2016 年上升 2.5 个百分点。其中,服务贸易数字进口额 1052.23 亿元,相较于 2016 年增长 29.2%,占全部服务贸易进口的比重为 14.6%,相较于 2016 年上升 2.1 个百分点;服务贸易数字出口额 549.19 亿元,相较于 2016 年增长 42.8%,占据全部服务贸易出口的比重为 14.1%,相较于 2016 年上升 3.3 个百分点(见图 4-1)。总体上,北京服务贸易数字化绝对规模处于稳步扩张之中,其中数字进口规模显著高于数字出口规模,具有明显的贸易逆差。但相对规模增长缓慢,在服务贸易中的比重仍相对较低,数字出口、数字进口、数字进出口的比重基本维持在 13.5% 左右。

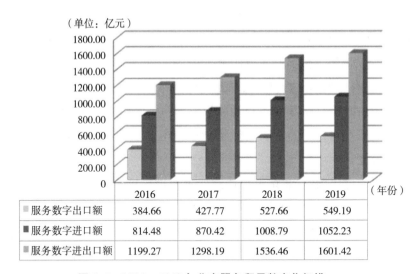

(单位:亿元)

	2016	2017	2018	2019
服务数字出口额	384.66	427.77	527.66	549.19
服务数字进口额	814.48	870.42	1008.79	1052.23
服务数字进出口额	1199.27	1298.19	1536.46	1601.42

图 4-1 2016—2019 年北京服务贸易数字化规模

资料来源:2017—2020 年《中国商务年鉴》。

从细分的服务类别看,北京各个服务贸易数字化领域均实现了稳步增长。2019 年,个人、文化和娱乐服务实现进出口额 154.25 亿元,相较于 2016 年增长 98.7%,是北京服务贸易数字化发展速度最快的领域。而从相对结构看,保险服务是北京服务贸易数字化的主要领域,2019 年北京实现保险服务进出口额 651.34 亿元,相较于 2016 年下降 14.0%,但其占据整个服务贸易数字化的比重为 40.7%,稳居各服务类别的第一位。其次分别是知识产权使用费(13.9%),金融服务(8.3%),维护和维修服务(4.9%),个人、文化和娱乐服务(4.8%),加工服务(2.2%)(见图 4-2)。

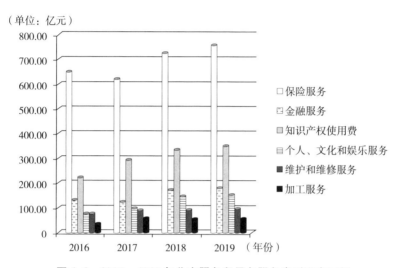

（单位：亿元）

图 4-2　2016—2019 年北京服务贸易各服务类别进出口额

资料来源：2017—2020 年《中国商务年鉴》。

（二）在线服务平台引领全国发展

在线教育领域,北京在线教育在整个行业中的市场规模占比逐年增加,特别是新冠肺炎疫情期间涌现出一批全国领先的在线教育龙头企业,数字学习发展迅速。2018 年,北京在线教育行业市场规模为 1517.42 亿元,占全国市场规模的 60.3%;在线教育用户规模达到 582.6 万人,占全国在线教育用户数量的 2.9%。[①] 北京在线教育龙头企业的 APP 月活跃数据多数排在同行业前列,其中猿辅导于 2012 年创立,"2019 胡润品牌榜——最具价值中国品牌",在全球教育科技独角兽公司中排名首位。这也是中国教育科技公司首次跻身全球教育科技独角兽第一名。2021 年 3 月,在声学、语音和信号处理国际会议(ICASSP)信号处理挑战旗舰任务、全球首个小资源

---

① 王红梅:《数字贸易对北京产业转型升级的影响研究》,《时代经贸》2020 年第 12 期。

音色克隆挑战赛——多说话人多风格音色克隆大赛(M2VoC)上,猿辅导 AI 研究院的技术团队荣获子赛道冠军,以这类语音合成技术为代表的研发创新已成为猿辅导未来拓展国内外市场的关键倚仗。除此之外,北京其他在线教育企业还有跟谁学、作业帮、VIPKID、新东方在线、火花思维、无忧英语、阿凡题等。

在线医疗领域,互联网医疗目前经历了院前咨询、院后管理、网络诊疗三个阶段后,即将迈入实现诊疗业务的 2.0 时代,京东健康、好大夫在线、春雨医生等是北京移动医疗行业中相对早期的公司。依托京东集团的各项能力和资源优势,京东健康不断优化"互联网+医疗健康"的经营布局,逐步成为医疗产业链数字化改造的领跑者与健康产业的旗舰型企业。相较于平安好医生、好大夫在线、微医、春雨医生等在线医疗平台,京东健康的业务范畴更加全面细致,涉及挂号预约、线上问诊、药品零售、医药供应链、O2O 送药、慢病管理、家庭医生、消费医疗、互联网医院等各个环节。2020 年总营业收入为 193.8 亿元,同比增长 78.8%,盈利 7.5 亿元。零售药房已经拥有超过 2000 万种商品(SKU),在线平台上拥有超过 12000 家第三方商家,互联网医院日均在线问诊量超过 10 万,组建了一支超过 11 万名自有和外部合作医生组成的医疗团队。京东健康与卫材中国、阿斯利康、辉瑞、诺华、百时美施贵宝(BMS)、赛诺菲、雅培等多家全球知名医药企业签约合作,共同推动用药服务全面升级,以满足用户需求。

在线旅游领域,随着旅游用户预订习惯的转变,使用设备逐步从 PC 端向智能手持设备大量转移,移动互联时代下的在线旅游市场迅速崛起,北京在线旅游企业主要有马蜂窝、寰宇旅游、皇包车等。2020 年新冠肺炎疫情期间,马蜂窝推出旅游直播频道,在一年里推出了数万场精彩的旅游直播,几乎所有旅游达人都在马蜂窝平台上开通了直播功能,通过"马蜂窝攻略 LIVE"为中国游客打开了通向世界的窗口。马蜂窝旅游在 2020 年第一季度发布的首份旅业直播报告中提到,在马蜂窝平台上观看直播的用户自 4 月起每日平均增长率高达 101.4%,用户再次观看直播的平均时长是初次观看时长的 2.7 倍。深度体验类的直播内容受到 72.9%的用户青睐。

三、离岸服务外包瞄准中高端业态

2019 年北京新增服务外包企业 77 家,累计拥有服务外包企业数量 1443 家,占据全国的比重为 2.6%,居全国第 12 位。北京服务外包离岸执行额 78.7 亿美元,离岸合同签约额超过 100 亿美元,软件研发及开发服务、软件技术服务、医药和生物技术研发外包等高端业务占全市离岸服务外包出口总额的 70.6%,离岸服务外包高附加值比重持续提高,在将低端服务外包企业迁移至周边及其他地区的过程中,也产生了较强的服务外包产业辐射效果。①

四、数字数据服务释放贸易潜力

(一) 数字产品供给持续增加

一方面,在数据工具服务领域,软件和信息出口动能提升。2019 年,北京电信、计算机和信息服务进出口额为 1154.74 亿元,相较于 2016 年增长 44.9%,占全部服务贸易比重的 10.4%,相较于 2016 年上升 2.5 个百分点。其中,电信、计算机和信息服务出口额 843.76 亿元,相较于 2016 年增长 100.9%,占全部服务贸易出口比重的 21.7%,相较于 2016 年上升 9.8 个百分点;电信、计算机和信息服务进口额 310.98 亿元,相较于 2016 年下降 17.5 个百分点,占全部服务贸易进口比重的 4.3%,相较于 2016 年下降 1.5 个百分点(见图 4-3)。总体上,北京电信、计算和信息服务的出口动能大幅度提高,出口业务提升迅速,对服务贸易的贡献度提高。

另一方面,在数字内容服务领域,头部企业与产品相继涌现。2020 年 1—11 月北京文化产业涉及数字内容的领域中,内容创作生产领域实现收入 2544.1 亿元,相较于 2019 年增长 38.1%,新闻信息服务领域实现收入 3596.6 亿元,相较于 2019 年增长 12.9%,增长速度位居整个文化产业的前列。在数字音乐方面,抖音、快手、西瓜视频三个短视频行业的龙头产品的受众规模均位居全国前列,合计的月活跃用户量已超过 8 亿。②

在数字阅读方面,北京数字阅读的覆盖人群不断扩大,于 2018 年、2019

---

① 中国商务部:《中国服务外包发展报告 2019》,2021 年。
② 鹿杨:《北京动漫游戏产业总产值破千亿,成全国最大出口地》,《北京日报》2021 年 3 月 17 日。

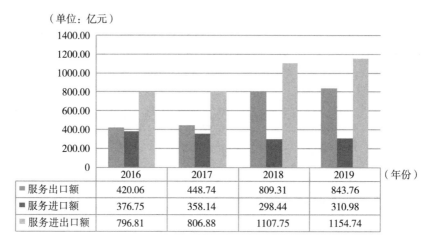

（单位：亿元）

（年份）	2016	2017	2018	2019
■ 服务出口额	420.06	448.74	809.31	843.76
■ 服务进口额	376.75	358.14	298.44	310.98
▨ 服务进出口额	796.81	806.88	1107.75	1154.74

图 4-3　2016—2019 年北京电信、计算机和信息服务贸易额

资料来源：2017—2020 年《中国商务年鉴》。

年已连续两年入选"中国十佳数字阅读城市 TOP 榜"，分别排名第一、第六。创立于 2008 年的掌阅科技是数字阅读的头部京企，业务范围覆盖全球 150 多个国家和地区，2019 年获批"国家文化和科技融合示范基地"。2020 年新冠肺炎疫情加速推动了软硬件移动终端设备的普及，阅读习惯趋向于碎片化、多样化，进一步提高了数字阅读的用户黏性，越来越多的用户更愿意为优质内容付费。掌阅科技借鉴国内发展模式，发力扩张海外业务，平均月活跃用户规模达 1.6 亿人，其中海外用户数量实现了快速增长，全年营业收入 20.61 亿元，营业利润 2.64 亿元，相较于 2019 年分别增长 9.5% 与 64.1%。① 北京数字阅读行业整体市场规模、用户使用时长均稳步增长。

　　在数字影视方面，整个影视制作环节包括摄影、美术、声音、舞台表演、影视合成与特效，都在经历着一场全面的"数字化革命"。作为北京文化的重要组成部分，影视文化已成为北京最具活力和感染力的软实力，"影视之都"建设也初具成效，也汇集了一大批全国知名影视企业。中国电影集团公司创立于 1999 年，是中国大陆唯一拥有影片进口权的公司。在数字影视技术方面独树一帜，目前已具备完成电影数字化制作全过程的条件和基础，是"国家级数

――――――――――

① 数据来源于掌阅科技发布的《掌阅科技 2020 年年度报告》。

字电影制作产业化示范工程"。2020 年,中国电影股份有限公司(中影集团控股公司)发行进口影片 83 部,票房 17.38 亿元,占同期进口影片票房总额的 58.75%,分地区来看,2020 年实现国外主营业务 0.19 亿元,所占比重相较于 2018 年有所上升。

表 4-1 中国电影股份有限公司国外业务情况

年份	国外营业收入(亿元)	比重(%)
2018	0.43	0.5
2019	0.28	0.3
2020	0.19	0.6

资料来源:中国电影股份有限公司发布的《中国电影 2020 年年度报告》。

在数字动漫方面,以三维图像为核心的数字媒体新技术应用,也促进了北京数字动漫产业加速发展。北京若森数字科技股份有限公司具备影视制作许可资质、国家高新技术企业资质、国家动漫企业资质和国家软件企业资质等,卓著的自主创新能力促使其不仅在国内动漫行业崭露头角,而且其产品在国际市场上也具备一定竞争力,至今若森数字已建立起以北京为中心,辐射全国主要城市及全球主要国家的多方位服务网络,将数字动漫产品持续输出至欧、美、日、韩等海外国家或地区。2018 年,在由人民网和成都市政府主办的"2018 全球独角兽企业高峰论坛"上,若森数字入选中国瞪羚企业价值榜,也是动漫领域唯一入选的企业。

在数字游戏方面,北京相关产业生态在快速扩张,2020 年动漫游戏产业实现总产值 1063 亿元,产业规模突破千亿元,相较于 2019 年增长超过 30 个百分点,在全国市场规模中的占比接近 20%[①],北京已经成为我国数字游戏产业不可或缺的研发中心与重要出口基地。作为北京数字游戏行业的代表性企业之一,完美世界公司相继开发和引进了 VR 人体骨骼识别技术、人工智能、AR 面部识别、云计算等前沿和创新技术,推动了数字游戏产品海外业务的扩

① 鹿杨:《北京动漫游戏产业总产值破千亿,成全国最大出口地》,《北京日报》2021 年 3 月 17 日。

张,多次获评"国家文化出口重点企业"。2020 年完美世界公司实现境外业务收入 7.25 亿元,占全部主营业务收入的比重达 16.4%,2018 年接近于 20%,境外地区已成为其业务范围的主要板块,是北京数字游戏出口的重点企业。

表 4-2　完美世界公司境外业务情况

年份	境外营业收入(亿元)	比重(%)
2018	14.81	18.4
2019	14.42	17.9
2020	7.25	16.4

资料来源:完美世界公司发布的《2020 年年度报告》《2019 年年度报告》《2018 年年度报告》。

（二）数据服务显现出口交付潜力

北京作为全国科技中心与互联网发展高地,是全国数据产业最为发达的地区之一,重点聚焦于数据基础计算框架、高端数据应用、数据处理与分析技术等领域。在我国数据资源交易市场中,作为数据资源提供商的头部京企在全国具有很强的代表性,包括东方国信(电信、金融、工业、农业综合数据)、海兰信(海洋大数据)、东方通(银行大数据)、梅泰诺(消费金融大数据应用)、拓尔思(数字营销)。其中,东方国信已在大数据、人工智能、云计算、移动互联网四个方面实现完全自主可控,旗下产品在数据采集、存储、计算等诸多领域具备替代国外产品的能力,业务布局覆盖全球 50 多个国家,2020 年东方国信实现境外收入 0.19 亿元,占据全部营业收入的 0.9%,相较于 2019 年下降0.8 个百分点。

表 4-3　东方国信公司境外业务情况

年份	境外营业收入(亿元)	比重(%)
2018	0.41	2.1
2019	0.36	1.7
2020	0.19	0.9

资料来源:东方国信公司发布的《2020 年年度报告》《2019 年年度报告》《2018 年年度报告》。

（三）数字平台服务数字化出海

随着互联网工具与移动终端的不断普及，北京新型社交媒体不断成熟。据《品牌网》发布的"社交媒体十大品牌"品牌榜显示，北京有7家企业入选，分别是新浪微博、字节跳动、知乎、百度贴吧、豆瓣、陌陌、探探。作为实现人工智能与移动互联网场景深度融合的首批科技企业之一，字节跳动不仅注重国内市场，还于2015年在海外市场进行全球化布局，以"技术出海"为核心战略推进全球化发展。截至2019年，字节跳动旗下的业务范围覆盖了全球150个国家和地区，涉及75个语言种类，在很多国家和地区的移动终端应用商店的各类榜单中位居前列，全球每月用户活跃数已超过15亿人次。2017年5月与7月分别发布了海外版抖音TikTok与海外版火山小视频Vigo Video，2018年6月，针对印度市场推出了本地方言版短视频应用Helo。进入2020年后，根据Sensor Tower的数据估算，TikTok在全球App Store和Google Play的下载量达到1.04亿次，是这一阶段全球下载量最高的移动应用，其下载量前三的市场分别为印度、巴西和美国，分别占34.4%、10.4%和7.3%。

在搜索引擎领域，百度、360搜索、搜狗搜索引擎位列前三名，其中百度覆盖人群占比最高（71.2%）；360搜索紧随其后，位居第二，占比份额为34.7%；搜狗搜索排名第三。① 以上三家公司均属于北京地域，表明北京搜索引擎行业在全国占据绝对主导地位。其中，百度不仅是国内最大的中文搜索引擎网站，而且持续在为海外用户提供创新型产品。海外输入法Facemoji和Simeji凭借创新、本地化和合作共赢三大核心要素，成功走向世界。Simeji深耕日本多年，是日本市场最大的第三方输入法；Facemoji覆盖欧洲、美洲、东南亚、中东等地区。百度海外输入法全球安装量超过1亿次，支持120种语言，覆盖全球190个国家和地区。popIn深耕亚洲市场，业务已覆盖日本、韩国、中国台湾、新加坡、泰国、中国香港及马来西亚等区域，拥有超过1000家优质的媒体合作伙伴，成为亚洲最大的原生广告推荐平台。2019年，MediaGo海外广告平台上线，为客户拓展海外市场提供"一站式"数字广告服务。

---

① 中国互联网络信息中心：《中国互联网络发展状况统计报告》，2020年。

第二节　北京数字贸易的发展基础

一、政策组合拳"百花齐放"

近年来,北京接连发布多项新政与规划,探索推进数字贸易制度创新,以激发数字经济与贸易的发展活力,并提出明确目标。2020年9月4日,习近平总书记在中国国际服务业贸易交易会全球服务贸易峰会上提出"将支持北京打造国家服务业扩大开放综合示范区"。2020年9月7日,国务院批复《深化北京市新一轮服务业扩大开放综合试点建设国家服务业扩大开放综合示范区工作方案》,明确提出立足于中关村软件园和北京大兴国际机场临空经济区特定区域,建设国际信息产业和数字贸易港,打造数字贸易发展引领区。同日,北京市地方金融监管局发布《北京国际大数据交易所设立工作实施方案》,详细规划与设计了建设大数据交易基础设施和大数据跨境交易枢纽的目标、方式与内容。北京市商务局发布《北京市关于打造数字贸易试验区的实施方案》,提出"打造三位一体的数字经济和数字贸易开放格局""探索试验区内跨境数据安全有序流动的发展路径""推动数字贸易重点领域的政策创新""打造开放创新、包容普惠的数字经济和数字贸易营商环境"。

2020年11月26日,北京市商务局发布《北京市全面深化服务贸易创新发展试点实施方案》,提出主要目标之一是数字贸易进出口规模加快壮大,持续领跑全国,在全球数字贸易中的话语权和影响力不断增强;主要措施为"打造'三位一体'数字贸易试验区""探索跨境数据安全有序流动""释放数字贸易创新发展活力"。

2020年12月31日,北京市商务局发布《北京市商务领域"两区"建设工作方案》,提出"立足中关村软件园国家数字服务出口基地建设'数字贸易港'","立足金盏国际合作服务区打造数字经济和贸易国际交往功能区","立足中国(河北)自由贸易试验区大兴机场(北京大兴)片区,探索建立跨境数据运营监管、展示交易等数字贸易综合服务平台"。

2021年1月,《北京市国民经济和社会发展第十四个五年规划和二〇三五年远景目标纲要(草案)》提出,在海淀区、朝阳区、大兴区打造三个数字贸易试验区,构建数字贸易跨境服务支撑体系,探索建立数据跨境流动规则、安全保护及风险管控机制,最大限度放宽和创新管理政策机制,打造包容普惠的数字经济和数字贸易开放发展环境。

2021 年 2 月 18 日,北京市经济和信息化局发布《北京市经济和信息化局推进国家服务业扩大开放综合示范区和中国(北京)自由贸易试验区建设工作方案》,提出要"加大数字经济跨境领域开放",具体措施是"积极推动互联网信息领域开放""加快发展三个片区的跨境数据流动试点""促进数据安全合规流动"。

2021 年 4 月 22 日,北京大兴国际机场临空经济区发布 30 条产业支持政策,提出如若区内符合条件的企业积极拓展数字贸易相关的创新应用场景落地(包括数字消费、数字物流、数据交易、数字口岸等),则可给予一定资金支持。此外,临空经济区为推动数字产业发展设置了专项奖励。

二、电商平台实力强劲

在相关政策扶持下,北京货物贸易企业实现了"线下销售+线上跨境电商销售"的多元化经营模式,实现了货物贸易数字化,有效缓解了销售渠道单一、退运处置困难等难题,开启了外贸出口企业规模化"卖全球"的货物贸易数字化新征程。截至目前,北京拥有跨境电商 1 家——兰亭集势,成立于2007 年,是一家整合了供应链服务的在线 B2C 运营商,于 2013 在美国纽约证券交易所挂牌上市,成为中国跨境电商第一股(见表 4-4)。与一般性的跨境电商类似,兰亭集势主要依赖于自营商品的进销差价进行盈利,即将中国本土生产的产品通过在线平台售卖给海外消费者,目前其客户已遍及全球 200 多个国家及地区,其中欧美国家为主要销售目的地,南美洲国家为潜在市场。2020 年,兰亭集势实现营业收入 3.98 亿美元,相较于 2019 年增长 63.4%,实现利润 1.76 亿美元,相较于 2019 年增长 80.5%,营业收入与利润均创历年新高。[①]

---

① 数据来源于兰亭集势发布的《兰亭集势 2020 年年度报告》。

表4-4 中国跨境电商企业分布情况

公司	所在地
安克创新	长沙
跨境通	太原
天泽信息	南京
华鼎股份	义乌
联络互动	杭州
广博股份	宁波
兰亭集势	北京
新维国际	中国香港

资料来源:作者手动整理得到。

此外,北京还拥有众多实力强劲的综合电商企业,包括京东、小米集团、国联股份、国美零售,庞大的电子商务资源为北京推动货物贸易数字化提供了丰富的渠道和平台支撑(见表4-5)。

表4-5 北京电子商务企业情况

公司	行业
京东	综合电商
小米集团	3C电商
国联股份	综合B2B
国美零售	综合电商
什么值得买	导购电商
趣店	金融电商
宝宝树集团	母婴电商
优信	汽车电商
慧聪集团	综合B2B
寺库	奢侈品电商

资料来源:作者手动整理得到。

三、数字产业化成效显著

数字产业化,是数字经济的基础部分,是发展数字贸易的基础前提。北京培育了众多具有核心竞争力和重要知识产权的高精尖产业,形成了以软件产业、信息服务等高端产业集权化创新发展格局,如中关村壹号、中关村软件园、中关村永丰高新技术产业基地等,以电子信息传输服务、数字技术服务两大领域为主的数字经济继续保持快速发展,在数字产业化方面有显著优势。

2019 年,北京软件和信息服务业实现业务收入 11983.07 亿元,相较于 2015 年增长 121.0%,实现一倍多的大幅增长,远高于全国的平均增长速度(68.2%),实现增加值 4783.9 亿元,在全市 GDP 中的占比达 13.5%。① 从相对规模看,2019 年北京软件和信息服务业业务收入占全国的比重为 16.7%,相较于 2015 年上升 3.9 个百分点,居全国首位,占互联网信息服务业的比重超过四成,已然成为产业发展的主力军。

在细分领域内,2019 年,北京软件产品收入 3584.36 亿元,占全国的比重为 17.2%;信息技术服务收入 7948.28 亿元,占全国的比重为 18.2%;信息安全收入 415.01 亿元,占全国的比重为 31.9%,均居全国同领域首位。此外,在"2019 年软件与信息技术服务综合竞争力百强企业""中国软件业务收入前百家企业""中国互联网企业 100 强"等榜单中,北京入选企业数量超过 30%,位居全国榜首。可见,软件和信息服务业是北京市重量级的数字工具,在全国各省市中占有绝对优势地位,其可观的产业规模将是北京未来扩大数字贸易的关键倚仗。

北京市传统互联网产业发展一直保持着良好发展态势。据最新统计,目前,北京地区已有 13600 多家互联网企业取得电信业务经营许可证,网站备案数量与接入数量均居全国前三位。北京在网络、安全、平台三大产业体系方面取得了相对显著的成果,国家网络安全产业园区已形成"三园协同、多点联动、辐射全国"的总体格局,人工智能产业形成从高端芯片、基础软件到核心算法和行业整体解决方案的完整产业链,云计算应用从互联网领域拓展至微观企业与行业,大数据应用持续深化,广度和深度不断上升,区块链核心技术不断突破,应用范围更加广泛,互联网产业规模将突破 2000 亿元,逐步成为全国工业互联网发展高地。

---

① 北京市经济和信息化局:《2020 北京软件和信息服务业发展报告》,2020 年。

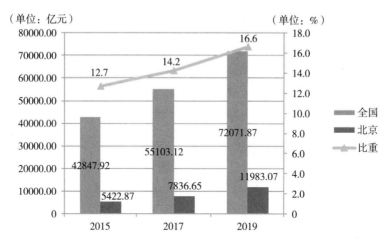

（单位：亿元）　　　　　　　　　　　　　　（单位：%）

图 4-4　北京及全国软件和信息服务业业务收入额

资料来源：国家工业和信息化部网，见 https://www.miit.gov.cn/。

四、云计算产业规模化发展

面对新一轮产业革命与技术变革，基于软件和信息技术服务业的良好基础，北京云计算产业实现突破发展，8.14 万家云计算企业汇聚北京，占全国云计算行业总量的近 70%，北京云计算服务已处于全国领先地位。2019 年北京云计算企业实现营业收入 1801.3 亿元，相较于 2016 年增长 198.3%，实现近 2 倍增长，北京云计算产业的规模化发展形态已然成型。

《2019 胡润全球独角兽》榜单中北京的 2 家云计算企业金山云和云知声上榜，比例占到全国的 40%。创立于 2012 年的金山云全称为"北京金山云网络技术有限公司"，跻身于中国公有云市场三甲，主要从事提供云存储及云计算服务的业务。针对 5G 特征，金山云以高清、VR、互动为核心，在 IaaS、PaaS 层服务全面布局，助力客户构建沉浸式体验能力。同时，针对各行各业数字化转型需求，金山云深入客户业务场景，继续在公共服务、金融、医疗、AIoT 等领域稳步推进。从市场份额占比情况来看，在亚太市场上，金山云与阿里云、腾讯云一起，稳居该市场上中国互联网云厂商前三。从亚太市场整体排名看，金山云上升至第六位。①

---

① Gartner：*Gartner Market Share：IT Service*，2019，2020.

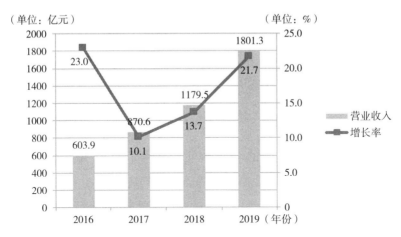

图 4-5　北京云计算企业营业收入及增长率情况

资料来源:中商产业研究院:《中国云计算市场前景及投资机会研究报告》,2020 年。

五、新型基础设施建设不断夯实

近年来,云计算、大数据、人工智能、物联网等技术深度融入实体经济的发展,成为数字贸易发展的新引擎。北京数字贸易的发展离不开新一代基础设施的强有力支持,大规模数字基础设施建设,推动着数字贸易向纵深方向发展。北京市相继发布《北京市加快新型基础设施建设行动方案(2020—2022年)》,聚焦"新网络、新要素、新生态、新平台、新应用、新安全"六大方向,提出加快"传统基建数字化改造和智慧化升级,助推京津冀基础设施互联互通",以及《北京市加快新场景建设培育数字经济新生态行动方案》,把握新基建机遇,进一步厚植数字贸易发展根基。

在新基建方面,京津冀超前建设全国唯一跨区域的国家大数据综合试验区。北京张北"中国数坝"云计算产业基地建设、国家超级计算天津中心、廊坊"京津冀大数据感知体验中心"落地实施,京津冀大数据产业聚集格局逐步显现;在数字政务方面,北京市六里桥市级政务云投入使用,在政府与社会之间构建起大数据采集、共享及应用等互动机制;在应用场景方面,北京 2019 年建设了 10 个首批应用场景项目,包括丰台创新中心的可视化平台、环境监测系统,海淀医院的人工智能医学影像分析平台,海淀区的开放城市大脑应用场景等,大幅推动了城市精细化管理。2020 年北京发布第二批 30 个应用场景建设项目,主要集中在城市副中心、"三城一区"、丽泽金融商务区、冬奥园区、机场及临空经济区等区域以及产业升级、民生改善、城市管理等重点领域。

截至 2020 年 8 月,北京已累计开通 5G 基站 4.4 万个,实现五环内和城市副中心室外连续覆盖,五环外重点区域、典型应用场景精准覆盖,基本实现了 5G 基站独立组网与非独立组网双连接。北京市 5G 用户数达到 506 万户;三家运营企业累计与有关垂直行业合作项目超过 1000 个。各基础电信企业已全面完成 5G 独立组网核心网的建设、优化和整体部署。[①] 按计划,北京将加快基于 IPv6 的下一代互联网规模部署,新建 5G 基站 6 万个,有效面积覆盖率达到 95%以上,一批以物联网、网关、多接入边缘计算、工业级 5G 芯片、卫星互联网、车联网为代表的新型通信网络基础设施以及人工智能超高速计算中心和一体化大数据平台也将在今后 5 年提速建设。

此外,作为数字经济与对外开放大省,北京的产业开放以及对外合作必然涉及数据的转移和交换,但由于缺乏跨境数据流动标准与制度,北京的数据开放与共享目前仍相对滞后,从事跨境数据服务业务的公司较少,大规模的跨境数据流动尚未出现。借鉴国外政府发展大数据、破解数据跨境流动的一般性措施,北京以打造数字贸易试验区为契机,组建北京国际大数据交易所,开始开展数据跨境流动安全管理试点工作。具体而言,在国家有关部门指导下,北京针对中关村软件园、金盏国际合作服务区、自贸区大兴机场片区等区域,聚焦人工智能、生物医药、工业互联网、跨境电商等关键领域,围绕数字货币流通、数字资产交易、数字贸易、产品溯源等,从个人信息出境安全评估、企业数据保护能力认证等工作入手,开展一批数字资产交易应用和商业模式创新试点,构建与国际接轨的高水平数字贸易开放体系和跨境服务支撑体系。

2021 年 3 月 31 日,由北京金融控股集团有限公司牵头发起,京东数字科技控股股份有限公司、华控清交信息科技(北京)有限公司、北京微芯感知科技有限公司等共同参与的北京国际大数据交易所正式落地朝阳,标志着北京在数字经济开放发展上迈出了新的一步,对于北京打造全球数字经济标杆城

---

① 数据来源于北京市通信管理局网,见 http://bjca.miit.gov.cn/xwdt/gzdt/art/2020/art_74f8b6a66a4b4ad78fc4fab65994cab0.html。

市具有重大意义，也将有力支撑朝阳区数字经济产业发展和数字经济示范区建设。可以预见，作为国内首家基于"数据可用不可见，用途可控可计量"新型交易范式的数据交易所，北京国际大数据交易所将在跨境数据治理、数字资源与资产、数据权属与保护、数据开放与共享、数据定价与交易等关键数据服务环节形成可复制推广的经验与标准。

六、产业与数字技术深度融合

整体而言，2019 年北京企业中有从事电子商务交易活动的比例超过 20%，每万元 GDP 中通过企业电子商务采购和销售的规模超过 1 万元，居全国首位。[①]

从农业数字化程度看，依托丰富的科技与人力资源，以及物联网、北斗导航、智能设备等在农业中的应用经验，赋能国家现代化农业建设。北京具有全国数量最多、技术先进的农业数字化科研机构与企业，加大培育力度，持续输出农业数字化方案，建成农业智能装备全国科技创新中心，推动农业物联网和智能装备的研发与产业化，形成了覆盖全行业的物联网示范集群。

从工业数字化程度看，北京通过政策引导、资金支持、优化服务、营造生态等手段，强化工业互联网高端供给，打造国家级工业互联网发展高地。基础支撑方面，建立工业互联网标识解析国家顶级节点、国家顶级节点指挥运营中心，接入航天云网、中检溯源等 17 个二级节点，标识注册量 22.68 亿元，为全国第一。平台赋能方面，东方国信、用友、航天云网入选 2019 年工信部十大跨行业领域工业互联网平台，入选数量全国领先。积极推进顺义、海淀、朝阳、石景山国家新型工业化产业示范基地建设，打造赋能中心和典例示范，布局平台和安全领域。截至 2020 年年底，北京市规模以上工业企业的生产设备数字化率达到 65%，关键工序数控化率达到 70%，数字化生产设备联网率达到 60%。[②]

从服务业数字化程度看，北京服务业与数字化技术深度融合，独角兽与千

---

① 中国信通院：《中国区域与城市数字经济发展报告（2020）》，2020 年。
② 关桂峰：《北京：数字经济快速发展占 GDP 比重近四成》，新华网，2021 年 1 月 12 日。

里马企业迅速崛起,服务业数字化水平处于全国领先位置。金融科技示范引领作用强,国家级金融科技示范区获得多项国家政策支持,率先开展金融科技创新监管试点。北京市在教育、医疗、交通等领域呈高端化发展趋势。教育方面,实现优质数字教育资源汇聚共享,开展互联网教学试点,推进智慧校园建设,2020年,北京服务国家中小学课堂资源建设,占国家云课堂总数95%以上。医疗方面,加快推进互联网医院建设,推进医联体建设,实现信息与资源共享。交通方面,加强城市交通管理智能化体系建设,打造出行服务质量提升等相关应用场景。

第三节　北京数字贸易发展机遇和挑战

一、北京数字贸易发展机遇

（一）创新与人才要素集中

作为传统贸易方式的升级版,数字贸易的发展与互联网、大数据、人工智能、云计算等新一代技术变革密不可分。北京数字经济发展全面领先,产业结构不断优化,一方面是通过京津冀协同发展,低端产业加快疏解,高精尖产业持续发展,拥有2.5万家国家级高新技术企业;另一方面是依赖于丰富的研发资源与人力资本,包括90多所高校,1000多家科研院所,120个国家重点实验室,68个国家工程技术研究中心,且北京为支持高精尖产业发展,率先推动了科研成果转化的奖励与归属权改革,从制度上激发了科研人员的研究动力。"十三五"期间,北京全社会研究与试验发展经费投入强度保持在6%左右,居全国首位;万人发明专利拥有量达132件,居全国首位;2019年技术合同成交额约5700亿元,占全国的比重超过四分之一;[1]在2020年9月发布的《全球科技创新中心指数2020》中,北京位列全球科技创新中心城市第五位。因此,北京是全国创新要素最为集中的区域,已经具备形成国际科技创新中心的先发优势和条件,这些研发创新与人才投入等关键性要素都将为北京数字贸易

---

① 数据来源于2020年《北京统计年鉴》。

发展提供技术与智力支撑。

(二) 互联网头部企业集中

北京是全国十大科技创新中心之一,拥有全国近一半的独角兽企业。北京在人工智能领域具有极强的发展优势,2019 年北京拥有 AI 企业 486 家,全球第一,超过了硅谷所在地旧金山占全国 38.9%。① 百度人工智能算法框架、寒武纪芯片等软硬件在全球具有发展优势。北京区块链企业先发优势显著,后续发力空间大。北京是较早布局区块链的少数城市之一,作为全国科技创新中心,对区块链技术和产业的布局有显著的先发优势。北京的区块链企业数达 189 家,位居全国第一,区块链研究机构数量全国领先。我国市值排名前 30 的互联网企业中,11 家企业位于北京,培育了美团、京东、百度等头部企业,同时字节跳动、猿辅导、VIPKID 等独角兽企业迅速崛起,互联网产业综合实力强劲。北京拥有京东方、联想、小米、中芯国际等国内电子信息制造业领军企业,同时,五大电信运营商总部均在北京。

(三) 金融与资本要素集中

国家服务业扩大开放综合示范区与中国(北京)自由贸易试验区的建设为北京金融业特别是金融科技领域的发展带来了前所未有的历史机遇。目前,北京 16 区会同北京经济技术开发区以及科技、商务等相关重点领域职能部门已制定出台了"两区"建设的具体推进方案,其中涉及金融领域的细则共计 102 项,其中包括股权投资和创业投资份额转让试点率先落地北京、跨境资金流动便利性不断提升、标志性金融机构落地展业等在内的 43 项政策已成功落地实施,所占比重达到 42%。在"两区"建设的政策加持下,北京已成为全球金融科技的引领者,在创新金融监管理念方面,北京亦走在全国前列,金融科技"监管沙箱"前两批 17 个项目顺利入箱,第三批 5 个项目正式对外公示,进度、数量和范围等均领先全国各省市。② 数字贸易企业的转型升级以及规模扩张离不开金融科技的"输血"与"造血",而北京先行探索的中国版"监管沙盒"也将为数字贸易企业实现与国内外资本接轨提供更加安全与开放的金

---

① 中国信通院:《中国区域与城市数字经济发展报告(2020)》,2020 年。

② 孙云柯等:《百余项金融领域政策超四成已落地——三十余项重点任务高标准推进"两区"建设》,《北京日报》2021 年 1 月 27 日。

融环境。

（四）数字生态位居全国前列

2020 年暴发的新冠肺炎疫情使得线上购物、移动支付、远程办公等"零接触经济模式"大行其道。受此影响,全球传统线下贸易严重受阻,而数字贸易的发展却骤然加速,特别是北京涌现出一大批独角兽和千里马数字企业,背后的原因很大程度上是北京拥有全国最好的数字生态。根据北京大学发布的《数字生态指数 2020》,在全国四个数字生态处于"全面领先型"地位的省份中,北京市不仅在数字生态总指数方面全国排名第一,还在数字能力、数字应用这两个方面也居第一,仅在数字基础方面的排名落后于浙江、上海。从构成数字生态整体的数字基础设施、数据资源、政策环境、数字人才、技术创新、数字安全、数字政府、数字经济与数字社会这九个维度的全面分析表明,北京所拥有的数字贸易实力能够全面支撑国际一流的数字贸易港建设。

表 4-6　部分省份的数字生态指数

省份	总指数	数字基础	数字能力	数字应用
北京	85	81	88	85
广东	79	78	80	81
上海	71	83	57	83
浙江	64	84	44	81
山东	47	68	35	41

资料来源:北京大学大数据分析与应用技术国家工程实验室:《数字生态指数 2020》,2020 年。

（五）区域全面经济伙伴关系协定（RCEP）等区域协定削弱数字贸易壁垒

在贸易方式数字领域,区域全面经济伙伴关系协定从海关关税、通关程序、贸易便利化等重要方面降低了商品跨境贸易的制度性交易成本,例如货物贸易最终实现零关税,在抵达前处理、预裁定、货物放行、信息技术的应用等条款中减轻了跨境电商的程序负担和通关延误,在无纸化贸易、电子认证和电子签名、海关关税等条款中制订了有利于跨境电商的内容。在贸易对象数字化领域,RCEP 致力于营造透明、低合规负担的数字贸易法规环境,将著作权、商标、地理标志、专利、工业设计、遗传资源、传统知识和民间文学艺术全部纳入保护范围，为数字内容贸易提供了更好的制度保障。

二、北京数字贸易发展挑战

（一）全球数字贸易"联盟化"趋势加速，中国数字贸易难以对接国际标准

欧盟、美、日分别通过《通用数据保护条例》（GDPR）、《美墨加三国协议》（USMCA）与部分贸易伙伴构建了区域层面的跨境数据流动计划。俄罗斯通过其主导的"充分性决定"规则和欧盟"第108号公约"也与部分国家建立了数据同盟关系。2020年以来，新加坡—智利—新西兰、英国—日本、新加坡—澳大利亚先后签署数字经济协议，建立跨境数据合作关系，提供了包容性的政府间数字经济合作制度的国际框架，实现了在跨境数据流动、人工智能、个人信息保护、金融科技、源代码等数字贸易相关活动的标准互认与系统兼容性。尽管中国与东盟、日韩、澳新达成的 RCEP 协议中涉及电子商务章节，但协议内容与国际主流标准存在一定的差距，因此包括北京在内，国内发展数字贸易的规则制度建设明显欠缺。

（二）跨境数据流动监管严格，难以激发优质跨国数字企业贸易潜力

跨国公司在构建国内外共通的规则体系方面发挥着关键的桥梁作用，但跨国公司要实现数字贸易发展的前提是跨境数据流动的自由化、便利化、安全化。尽管北京拥有国际大数据交易所，但仍处于起步摸索发展阶段。根据欧洲国际政治经济中心（ECIPE）的测算，中国的数字贸易限制性指数较高，特别是对跨境数据流动的限制是远高于世界平均水平的，这可能会导致国内市场竞争不足。在这种情况下，尽管北京拥有众多头部互联网企业，但会倾向于深耕国内市场，而弱化拓展海外市场。因此，北京数字经济总体规模位居全国前列，但数字贸易在所有贸易份额中的比重却不高。

（三）数字贸易统计制度尚未构建，缺乏科学客观的评估体系

数字贸易作为新生事物，北京尚未建立与之相匹配的统计体系与制度，包括统计范畴、口径及调查制度等。换言之，数字贸易还没能从现有国民经济核算体系中剥离出来，并与技术、软件、信息等产业存在着交叉重叠，因此北京未

能形成货物贸易数字化(跨境电商等)、服务贸易数字化(技术、金融、知识产权、商务流程外包、知识流程外包等)、数字工具(软件、APP 等)、数字内容(数字音乐、数字动漫等)、在线服务(云办公、远程教育、在线医疗、在线咨询、互动娱乐、卫星定位和导航等)、跨境数据流动、云计算服务、社交平台、搜索引擎等数字贸易类别,相关研究统计资料相对匮乏,这直接导致北京数字贸易与国内其他省市发展水平不可比,与国外发达国家城市也不可比,难以客观衡量北京数字贸易的发展现状与问题,从而难以进行针对性和前瞻性制度创新。

(四) 数字贸易头部企业较少,数字贸易国际竞争力偏弱

尽管北京拥有字节跳动、百度、完美世界、京东等数字经济头部企业,但各企业从事数字贸易活动的水平较低,目前正处于传统贸易向数字化贸易转型的过程中,综合竞争力仍然较弱。总体上,北京数字贸易企业发展处于起步阶段,互联网、电子商务等数字化企业多但进出口贸易规模小,对外贸易潜力不足,缺乏货物贸易数字化与服务贸易数字化的头部贸易企业,产品质量和服务水平有待进一步提高。此外,数字产品服务的标准规范发展滞后,尤其是监测跨境数据流的检测标准缺乏,也都制约和影响了北京数字贸易的整体国际竞争力的提升。

第四节　北京数字贸易发展策略

一、以政策创新破除数字贸易制度瓶颈

一是充分利用国家服务业扩大开放综合示范区的建设契机,进一步放宽教育、医疗、金融等现代服务业和大数据、"互联网+"等新兴领域的准入壁垒,有序取消制造业重点领域的外资准入限制,对标区域全面经济伙伴关系协定、全面与进步跨太平洋伙伴关系协定和中欧投资协定制定跨境服务贸易负面清单,推进数字贸易的制度型对外开放。二是全面深化金融科技"监管沙盒"的创新试点,将数字内容、在线服务、数据服务、云计算服务等更广泛的数字化应用和转型企业纳入试点范畴,将金融和资本资源向核心技术攻坚、数字化设施设备应用、基于企业数据基础的数字化场景建设等数字化项目倾斜,聚焦一批

数字经济龙头企业,孵化一批数字贸易的独角兽与千里马企业,打造数字贸易产业集群,以此削减跨国公司外来冲击与竞争导致的产业风险。三是向跨境电商、网络游戏、云计算服务、在线教育等数字经济企业提供财政与税收支持,激励其以"一带一路"建设为纽带,构建全球营销及服务体系,扩大对外贸易规模,例如可针对数字贸易企业实行更加优惠的出口退税政策,对进口数字内容、软件和信息服务以及知识产权相关购买时进行关税减免等,推动数字贸易企业降本增效。

二、以夯实基建引导传统贸易数字化转型

数字基础设施建设是城市数字贸易的根基,也是数字贸易赖以蓬勃发展的源技术。与世界发达国家和地区相比,北京数字基础设施建设仍存在明显短板,制约着数字贸易发展的深度和广度。一是全面落实《北京市加快新型基础设施建设行动方案(2020—2022 年)》,明确大数据、区块链、云计算等新型基础设施产业布局,推动 6G、物联网、工业互联网、区块链、量子信息等技术的供需匹配,稳步推进宽带网络的升级提速与推广普及。二是对于数字化程度较低的中小微企业,应启动一批联合攻关项目,围绕中小微企业数字化转型过程中的共性技术或服务需求,加快形成以公共服务平台为支撑的数字化服务网络,例如鼓励新技术、新产品、新服务等数字科技与企业的融合共建,引导"政产学研"全面合作,共同开发企业数字化转型所需的开发工具和服务,推动传统企业数字化转型升级。三是加快打破新基建行业的行政性与国有化垄断,降低数字基础设施行业的市场准入门槛,允许民营资本与国有资本公平竞争,在政策优惠、用人制度等方面一视同仁,充分发挥民营资本的"鲶鱼效应",实现民营资本与国有资本的优劣互补,不断提升数字基础设施产业的发展能级。四是贯彻落实《北京市加快新场景建设培育数字经济新生态行动方案》,以算力、数据、算法为数据赋能提供基础,面向智能交通、智慧医疗、城市管理、政务服务、线上教育、产业升级等领域部署通用人工智能基础支撑平台,加快推进城市副中心、"三城一区"、丽泽金融商务区、冬奥园区、自贸区大兴机场片区及临空经济区的城市全域应用场景布局,打造无所不在的"数字城市"。

三、以聚焦创新加快数字优质要素集聚

一是利用 RCEP 对"新金融服务"的支持、各国对金融服务领域的高水平开放承诺,鼓励数字贸易试验区内的中资金融科技公司与数字银行平台,向"走出去"的中资企业提供跨境产业链金融服务、贸易金融服务。二是利用数字贸易试验区的建设契机,出台财政、税收、用地和规划管理等优惠政策,吸引国内外相关龙头企业、独角兽企业、千里马企业进驻园区,对重点地区的重点企业建立跟踪机制和项目"经理人"责任制,确保每个项目有跟进、有反馈、有进展,切实促进数字贸易产业集群发展。三是开展新一轮数字贸易人才需求调研,鼓励北京高水平大学增设一批为跨境电商、云计算、跨境数据流动、数字化应用场景等数字贸易重点领域服务的学科,打造结构化教师教学创新团队,着力培养具有"国际化视野、创新性思维、职业化标准"的复合型数字贸易技术技能人才。在此基础上,鼓励职业民营教育机构、社区街道、公共图书馆等机构,定期对受众人群开展数字贸易相关基础知识培训与讲座,提升广大民众对数字贸易的认可度。四是建立"两国双园"自贸网络,建立北京"两区"与全国中资企业运营的境外合作园区(如作为跨境电商海外仓的仓储物流园区)之间"点对点"自贸安排,将"两区"可集聚的数字贸易要素从北京一地扩展到全球有中资境外合作园区的国家。

四、以优劣互补推动京津冀数字贸易协同发展

北京市应充分发挥在人工智能、大数据、云计算、区块链等高端领域的技术引领优势,不断赋能并助力天津市、河北省相关产业数字化转型,打造全国产业数字化新标杆。天津市应依托既有高新企业技术优势和高校及科研院所基础,发展智能型先导和支柱产业,形成数字经济核心驱动力,推动产业结构转型升级。河北省应围绕数字经济核心产业,支持各市产业园区重点突破、错位发展,在钢铁、建材、石化、机械等传统行业,加快智能制造单元、智能生产线、数字化车间建设,加快产业数字化步伐,实现经济高质量发展。

五、以探索统计推行数字贸易北京标准

一致、可比的数字贸易数据对于数字贸易研究和政策设计具有重要意义,

国际社会将数字贸易统计测度作为重点研究工作之一,北京应积极探索数字贸易统计方法和模式的研究,旨在建立一套对标国际先进水平、能够体现数字贸易真实发展现状、符合北京实际的数字贸易统计测度方法,提高政府决策的科学性,为在全国和其他地区开展数字贸易统计研究提供参考,为我国参与数字贸易国际标准制定贡献"北京方案"。

六、以先行先试革新数字产品流转制度

要增强数字贸易国际竞争力,对标国际先进水平,加强跨境数据保护合作,促进数字证书和电子签名的国际互认,探索构建安全便利的国际互联网数据专用通道。对标区域全面经济伙伴关系协定、全面与进步跨太平洋伙伴关系协定和中欧投资协定,探索数字贸易试验区制度创新与开放。加强国际数字产品专利、版权、商业秘密等知识产权保护制度建设。大多数国际数字产品主要涉及数据流转、贸易和交付,首先需要进行对外转让的安全审查,强化各行业主管部门的数据安全认知与监管职责,严格落实数据安全标准与检测;其次需要明确是否是加工数据、数据库或算法等思维方式,一旦明确,在现行知识产权保护制度下,主要采取的是著作权保护模式。若数字产品涉及专利,则采用专利权保护模式。有商业秘密保护需求的,目前多采用反不正当竞争法进行保护。继续在法律、政策与技术层面先行先试,采取"数据可用不可见,用途可控可计量"的新型交易范式。这一范式利用隐私计算等技术,探索"数据特定使用权流通"的交易,从而绕开数据所有权的法律争论,将北京国际大数据交易所打造成为国内领先的数据交易基础设施和国际重要的数据跨境流通枢纽。

（本章执笔人:刘乾）

第五章 上海数字贸易:现状、问题与策略研究

第一节 上海数字贸易发展现状

近年来,上海数字贸易进入快速发展期,数字货物贸易增长潜力巨大,数字服务贸易已形成较大规模优势,增长势头迅猛,离岸服务外包集聚发展效应明显,数字数据贸易创新发展态势良好。据本研究测算,2019 年,上海市实现数字贸易出口超过 3000 亿元人民币,其中数字货物贸易出口超过 50 亿元,数字服务贸易出口超过 2088.9 亿元,离岸服务外包超过 654.9 亿元,数字数据服务出口超过 220 亿元。

一、数字货物贸易增长潜力巨大

上海作为我国首批跨境电商试点城市之一,跨境电商产业增长迅速,行业规模逐年攀升,并保持了良好的发展势头。据统计,2018 年上海电商行业的跨境贸易成交额约 49 亿元,同比增长 16%。到 2019 年 1—6 月,跨境电商零售进出口申报单量 1488.7 万笔,同比增长 53.1%,同时,交易额达到 28.8 亿元,同比增长 34.0%。① 2020 年 9 月,上海正式上线跨境电商 B2B 出口试点,标志着上海迈入"卖全球"新征程。试点上线首周,出口货物清单累积达 10 万多票,货物价值 855 万元,11 月单日申报单量更是首次突破 20 万单,货值

---

① 戴跃华:《上海数字贸易发展的瓶颈和对策》,《科技发展》2020 年第 8 期。

1640万元。2020年，通过海关跨境电商管理平台验放进出口清单达24.5亿票，上海市经公服平台申报的跨境电商进出口订单突破5000万单，同比增长分别为63.3%、39%。在全球因疫情导致的劣势经济环境条件下，上海口岸跨境电商进出口业务呈现良好增长态势，其中一般出口业务逆势上扬，更是成为外贸增长的亮点。

专栏5-1　小红书的跨境电商

上海市在跨境电商方面较为典型的企业有小红书。截至2020年10月，小红书平台含国际品牌企业号近8000个，相比2018年增长600%。作为跨境电商平台，小红书的特色运营模式为其在数字贸易领域的发展注入了鲜活生命力。

小红书的成功与中国及上海市数字贸易发展环境的提升有着直接联系。在政策上，2014年8月海关总署发布相关文件，免去普通进口贸易中的关税、消费税、增值税；2018年11月，财务部和商务部等有关部门先后发布文件，将中国消费者以跨境电商为进口渠道的进口年度交易限额提高0.6万元，单笔限额提高3000元，同时可贸易的商品覆盖范围也进一步扩大。政策上的便利为小红书的电商转型和成熟之路带来了机遇。在经济上，随着我国人均可支配收入不断提高，人们对生活水平和质量提出了新的要求，促使了消费升级，此外，早先国内电商的开路，实现了人民对线上消费习惯的培养，进而伴随中国进口消费市场的不断开放，诸如小红书一类的进口跨境电商应运而生。在科技上，2013年4G网络的普及和随后逐渐成熟的大数据、云计算、人工智能等技术大大扩展了小红书的用户群体且提高了其运营效率，是小红书成功开创和发展的重要基石。此外，小红书内容社区的打造大大提高了企业对用户数据信息的获取能力。企业可以利用大数据实现精准匹配，深度挖掘潜在消费者，同时也为企业跨境直采选品提供了决策依据，提高了资金利用率。内容社区与跨境电商的创新性结合，为小红书在数字贸易领域的快速发展带来了可能。

二、数字服务贸易增长势头迅猛

表 5-1 2019 年上海市数字服务贸易情况统计   （单位:亿美元）

类别	进出口	出口	进口	进出口净值
保险和养老金服务	21.8	11.0	10.8	0.2
金融服务	2.4	0.9	1.5	-0.6
专业管理和咨询服务	308.7	231.9	76.8	155.1
技术服务	93.7	53.6	40.1	13.5
文化和娱乐服务	8.7	2.1	6.6	-4.5
知识产权使用费	98.3	2.8	95.5	-92.7
数字服务贸易	533.6	302.3	231.3	71.0

资料来源:《中国商务年鉴·2020》。

近年来,上海市不断挖掘和培育数字服务贸易新增长点,扩大新兴数字服务出口,在数字服务贸易政策的支持下,上海市数字服务贸易市场开放度的不断提升,市场主体不断增加,发展进入快速发展期。2019 年上海市数字服务贸易总额达 533.6 亿美元,其中出口贸易 302.3 亿美元,进口贸易 231.3 亿美元,进出口净值为 71 亿美元。在数字服务贸易的细分类别上,上海市专业管理和咨询服务贸易总额为 308.6 亿美元,在数字服务贸易中占比最高达 57.9%,其中出口达 231.9 亿美元,进口达 76.8 亿美元,进出口净值为 155.1 亿美元。2019 年上海市知识产权使用的进出口总额达 98.3 亿美元,其中出口仅 2.8 亿美元,进口达 95.5 亿美元,进出口净值为-92.7 亿美元,是数字服务贸易中出超最大的类别。2019 年上海市技术服务的进出口总额为 93.7 亿美元,其中出口 53.6 亿美元,进口 40.1 亿美元,进出口净值为 13.5 亿美元,是数字服务贸易中规模居第三的类别。

专栏 5-2 浦东软件园的数字服务贸易

2020 年 4 月,国家商务部会同中央网信办、工信部联合发布公告,认定上海浦东软件园等 12 个园区为国家数字服务出口基地。这是对上海浦东软件园推动上海市数字服务贸易发展的一次肯定,也证明上海浦东软件园以数字服务出口为导向,在行业内具有较强带动作用,是数字贸易发展的先行区。

浦东软件园的发展与上海市营造的良好的数字服务贸易发展环境密切相关。具体来看,上海浦东软件园的举措包括三点,一是注重产业链建设,搭建资源对接平台。浦东软件园通过引进和培育数字服务技术研发、运营企业,同时引入先进技术、先进管理方法、高水平人才、高端配套产业和配套服务,强化以信息共享、项目对接、公共技术平台、人力资源、版权服务、统计研究等为核心功能的数字贸易交易促进体系,推动区内数字服务产业发展布局和资源配置。二是强化创新意识,创新人才培养模式。上海市浦东软件园鼓励并支持具有核心技术的数字服务企业强化内部技术创新体系,引导基地内数字服务企业加大自主创新投入和加强创新能力的建设,形成区域强大的创新能力和创新生态,通过培育与支持,形成了一批掌握核心技术和自由知识产权的数字服务企业,针对不同企业、不同市场的人力资源需求,浦东软件园实施定制化培训,搭建人力资源供应链,建立人才培训储备信息交流平台,共同构建了区域数字服务产业创新中心。三是强化服务支持,升级孵化服务平台。浦东软件园加大对数字服务贸易优质企业在企业发展运营中尤其是研究开发、产学研合作以及人才队伍建设的支持力度,优先安排其融资需求,针对初创企业的需求,浦东软件园升级浦软"企业+产业投资"体系,形成"创业生态圈",提供在线入孵、创业辅导、产品展示、市场推广等服务。

三、离岸服务外包集聚效应明显

近年来,上海服务外包保持较快发展的趋势。根据商务部服务外包业务管理和统计系统数据,2010—2019 年,上海离岸服务外包合同金额从 27.53 亿美元增长到 134.98 亿美元;离岸执行金额从 17.53 亿美元增长到 94.78 亿美元。2019 年上海市离岸服务外包合同数 7465 个,同比降低 6.83%,但协议金额和执行金额分别同比增长 22.23%和 14.79%,在全国均位列江苏、广东、山东、浙江四省之后居全国第五位。

表5-2　2019年上海市离岸服务外包情况对比　（单位:万美元）

	合同数	同比增长（%）	协议金额	同比增长（%）	执行金额	同比增长（%）
江苏	30559	-8.09	2938278	1.82	2425658	1.92
广东	14492	-14.70	1959342	5.66	1222927	3.03
山东	30000	-17.63	1812894	31.54	1281200	16.68
浙江	70442	2.66	1629621	9.88	1342044	11.22
上海	7465	-6.83	1349826	22.23	947779	14.79
北京	5811	59.21	1161283	25.51	757216	26.41
天津	1324	1.92	476371	103.07	190750	23.40
全国	188710	-2.43	13890888	15.39	9688981	9.29

资料来源:《中国商务年鉴·2020》。

四、数字数据贸易创新态势良好

（一）数字内容

数字内容贸易主要指文化产品以数字化形式进行交易,包括数字出版、数字游戏、数字音像等。其中,中国游戏业出海至今,在全球市场始终享有一席之地,且增势良好,上海市因游戏自主研发能力的提升和海外游戏用户增长的有利环境,在中国游戏的出海进程中承担中坚力量的角色。据《2017上海游戏出版产业数据调查报告》统计,早在2017年上海网络游戏营收达到683.8亿元,海外营收比增长73.6%,移动游戏的产业规模和用户体量均位居全国前列,其中移动游戏用户数达到2360万人。[1] 据《2019—2020上海游戏出版产业调查报告》,2019年,上海游戏产业营收802亿元,占全国比重为34.7%,其中自主研发网络游戏营收约697.6亿元,占全国36.8%,海外销售收入约为18.935亿美元,较2018年增长26%,其中移动游戏业务快速发展,在该产业结构中占比80%[2],上海的莉莉丝、心动网络、游族网络等企业的海外游戏营收均超过10亿元。从出海地区分布来看,上海市游戏贸易主要集中在美国和西欧,分别占比27.6%和14.6%,打破了以往以文化相近日本、韩国等国为出

---

[1]　数据来源丁《2017上海游戏山版产业数据调查报告》。
[2]　数据来源于《2019—2020上海游戏出版产业调查报告》。

海主要国的规律,进一步说明上海数字游戏在海外市场范围和数量上均具有发展实力和潜力。随着我国文化传播的进一步推进,上海数字文化贸易的其他形式也都将摸索出新的生长空间。

专栏5-3 阅文集团的数字出版贸易

阅文集团瞄准文化输出,是一种以线上阅读为核心,同时融合版权授权、开放平台等商业措施的网络文学出海新模式。据阅文集团2019年年度业绩报告,WebNove已向用户上线近700部中文译文作品和88000部英文以及其他本地语言的原创文学作品,作品总数较2018年年底的13000部有大幅增长,同时,用户访问量也增长到近3600万人,海外作者入驻量已超过45000人。

阅文集团能够在数字贸易领域作出成功探索,与其良好的外部机遇及扎实的内部文化互动基础密切相关。从外部机遇来看,随着网络技术水平的发展,不仅促生了阅文集团的线上数字内容等核心业务,也为阅文集团的文化输出作出了良好的铺垫,为其拓宽市场范围提供了有利机会。此外,对数字贸易相关的扶持与助力政策也为阅文集团的海外贸易进程提供了发展保障和激励。同时,国内产权保护制度与法律的进一步完善和健全,加大了对版权侵权的打压力度,为阅文集团营造出健康的成长环境。从内部文化互动来看,一方面,阅文集团具有优质人力资本,成立了集策划、运营、宣传等重要传播相关工作的核心团队,不断打造品牌口碑,提高了作品影响力和传播范围,行业竞争力也不断增强。另一方面,阅文集团积极参加与组织跨境文化交流活动,实行"引进来"与"走出去"并行的文化互动策略,与迪士尼等全球知名故事品牌深度交融,打造内容的多元化和高质量发展,在文化传播的同时,重视本土经济文化背景的契合和融合度,深入挖掘海外市场。

(二) 在线服务

在线服务是借助互联网、大数据等智能交互技术,与商务金融、教育健康、流通出行等进行深度融合的新业态新模式。

上海市在线服务的典型企业是携程集团。携程集团创办于1999年,是一家中国综合性旅行服务公司,总部建立在上海,并且于2003年12月在美国纳斯达克上市。携程旅行网向超过 1400 万的会员提供集酒店预订、机票预订、度假预订、商旅管理、特惠商户以及旅游信息在内的全方位旅行服务。2015 年年初，携程集团投资了廉价航空整合平台 Travelfusion，并收购了全球最大机票搜索平台——天巡，建立了覆盖全球的机票比价和预订分销系统。此前携程投资的美国当地三大旅行社，意味着携程的重点不仅在于要在出境领域瞄准中国的出境游客，而且也涉及海外游客，其目标在于要先拓展美国的旅游市场。2016 年 10 月，携程宣布收购"美国纵横"和"海鸥"，这两家是在美国做起来的华人地接旅行社。这两家公司在北美占中国游客入境接待服务的市场份额在 50%以上，对于那些跟团去美国旅游的中国游客来说，在东西海岸游玩时，很多的服务都是由这两家公司所提供的。另外，携程还买了一家专做海外目的地生意的中文旅游网站——"途风网"。2017 年 11 月，携程宣布收购旅行搜索创业公司 Trip. com，随后携程将旗下国际团队与该网站和 APP 的运营全面结合起来。这两年，携程通过原有平台，即天巡和 Trip. com，建立起来了覆盖全球的机票引擎，形成了 300 多万条航线的惊人的资源整合能力。目前，携程国际机票预订平台所合作的境外航空公司共约 900 家，并且航线覆盖范围扩展到了全球 200 个国家和地区的 5000 座机场。

携程集团的数字贸易能取得今天的成就，与其顺势而为，准确把控出海机遇关系较大。在全球化的背景下，布局海外市场是大势所趋，企业布局战略很重要的一步就是要把握住时代的机遇。

（三）云计算

在 2020 全国云计算公司排名中，于 2012 年 3 月 16 日建立的优刻得（UCloud）以上海云计算行业中领军企业的身份位列前十。优刻得是国内云计算 IaaS 领域内的领军企业，也是通过可信云服务认证的首批企业之一。优刻得的服务站遍布全球 32 个可用区，在国内主要包括北京和上海的线下服务站，现有的全球云服务企业级客户已达上万家，所提供的间接服务终端用户数量已达数亿人，现有的客户主要分为两大类，即互联网企业（主要包括互动娱乐、移动互联、企业服务等）以及传统行业企业（主要包括金融、教育机构、新零售、智能制造等）。早在 2018 年 3 月，优刻得与乌兰察布市政府达成战略合作，全力推动大数据以及人工智能产业的发展，进一步完善海外 13 个地区数据的中心布局,出海战略也全面推进。2018 年 7 月优刻得获得中国移动投资公司 E 轮投资,双方达成战略合作。2018 年 9 月完成海外 15 个地区的数据中心布局,全面推进出海战略。

2020 年,正式在科创板上市的优刻得一直在提速其在东南亚市场的布局。2020 年 1 月,优刻得正式登陆科创板,成为中国云计算第一股。2020 年 3 月,优刻得正式运行菲律宾数据中心,这也是优刻得在东南亚上线的第五个数据中心,同时也是优刻得在全球的第 33 个数据中心;2020 年 4 月底,优刻得面向国内"出海"东南亚的企业,更是启动了"乘云出海 决胜东南亚"活动,在中国企业乘云出海的路径上全面推进。至 2020 年 6 月,优刻得已经在全球共覆盖 26 个区域,拥有的可用区达到 33 个,遍及全球多个地区,其在地域覆盖上已经达到与腾讯云并列第一;并且优刻得的海外盈利达到公司总收益的 10%,公司海外营收点成为公司新的业务增长点。未来,优刻得将继续准备一整套完整、一致的云生态平台服务提供给"出海"的中国企业,为这些企业做好坚强后盾。

第二节 上海数字贸易发展基础

一、数字基础设施全国领先

上海网络连接速度全国领先。上海市是 2013 年工信部所公布的 10 个国家级互联网骨干直联点之一。随着互联网骨干直联点的建成、开通和运营,上海市网络承载能力得到有效提升,网络流量兜转进一步减少,网间通信时延和丢包率大幅下降,网间通信性能进一步提升。上海市的宽带网速体验在全国居于领跑地位。自 2015 年三季度以来,上海始终在全国各省(自治区、直辖市)国内终端到互联网应用端的"端到端"下载体验速率排名中保持第一。2018 年上海已成为全球千兆光网覆盖规模最大的城市,固网宽带已经率先实现千兆全覆盖,基础电信网络也已全面具备 IPV6 承载能力。根据 2020 年二季度宽带发展联盟发布的最新数据,上海家庭固定宽带千兆用户数达 36.7 万,千兆宽带用户在所有宽带用户中的占比(即渗透率)为 4.02%,居全国第一。2020 年上半年,上海市成为全国第一个超过 50Mbps 的城市,固定宽带平均下载速率达 50.32Mbps。① 良好的网络连接速率为上海企业发展数字贸易提供了较好的网络基础条件。

（单位:Mbps）

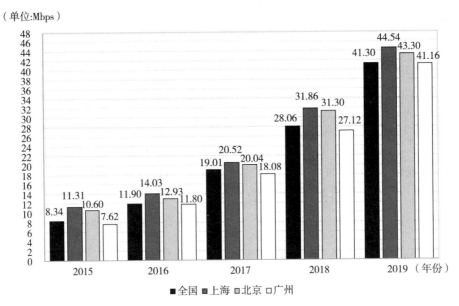

图 5-1　2015—2019 年一线城市和全国固定宽带可用下载速率对比

资料来源:宽带发展联盟。

上海国际信息枢纽地位稳固。近年来上海不断加强国际信息基础设施建设,完善国际信息枢纽功能,成为中国网络对外开放的门户。上海是我国最重要的国际通信出入口局。目前,我国大陆已建成 5 个国际海缆登陆站,其中 3 个位于上海,分别为南汇、崇明、临港。登陆的国际海光缆有 APCN2、TPE、APG 等 7 个系统共 12 条海光缆,总量领跑全国。根据上海市经信委数据显示,截至 2019 年年末,在上海开通的国际海光缆容量约为 22Tbps,上海国际出口局提供的互联网国际出口带宽总计约 5Tbps。② 作为我国重要的国际信息枢纽港,上海市在发展数字贸易上具有得天独厚的优势。

---

① 数据来源于中国信迪院:《上海"双千兆宽带城市"发展白皮书 2020》。
② 数据来源于中国信通院:《上海"双千兆宽带城市"发展白皮书 2020》。

上海5G网络建设成效显著。早在2018年上海就出台了《上海市推进新一代信息基础设施建设助力提升城市能级和核心竞争力三年行动计划(2018—2020年)》,提出要打造"双千兆宽带城市",实施5G先试先行及深度应用,开展外场技术试验,稳步推进试商用,规模部署1万个5G基站,率先在国内开展商用,使上海成为5G创新应用的主要策源地。2019年,上海出台《上海市人民政府关于加快推进本市5G网络建设和应用的实施意见》,提出要聚焦以5G为引领的新一代信息基础设施建设,加快推动5G规模部署,打造城市级精品网络;提升5G产业链协同创新与集聚发展能力,助力经济高质量发展;促进5G与城市建设管理、社会治理及各行各业融合应用,支撑城市高效率运行、市民高品质生活。到2020年1月,上海已成为中国乃至全球5G网络规模最大的城市之一,实现中心城区和郊区重点区域5G网络全覆盖,建成超过1.6万个5G宏基站、1.3万个5G室内小站。此外,上海已启动实施234项5G应用项目,在智能制造、智慧交通、智慧医疗等领域取得了良好的成效。到2020年第二季度,上海市5G基站在所有基站中的占比达20.19%,居全国第一。随着5G技术的进一步深入发展与应用,上海数字贸易的相关规则与发展路径将迎来新的重大机遇与变革。

二、产业数字化优势突出

数字经济在上海的经济发展中已占据主导地位,2019年,上海市数字经济占GDP的比重已超过50%。产业数字化一直是上海市数字经济发展的主攻方向。2018年国家互联网信息办公室发布了《数字中国建设发展报告(2017年)》,上海的产业数字化指数位列各省区市产业数字化指数排名第一位。2019年,上海市产业数字化增加值的规模超过1万亿元。

上海市在推进产业数字化中,工业数字化的发展尤为突出。工业产业数字化的代表性概念与组成是工业互联网,这也成为上海市产业数字化转型的新途径。上海市的新一代信息技术与工业经济深度融合的全新经济生态、关键基础设施和新型应用模式,为产业转型升级提供了关键支撑和重要机遇。近年来,上海围绕工业互联网创新发展为核心,推动地区经济和社会高质量发展,在工业互联网的战略和产业创新等方面进行了多项布局,陆续发布了《上海市加快制造业与互联网融合创新发展的实施意见》《上海市工业互联网创新发展应用三年行动计划(2017—2019年)》《推动工业互联网创新升级 实施"工赋上海"三年行动计划(2020—2022年)》等政策,提出上海要成为全国工业互联网资源配置、创新策源、产业引领和开放合作的高地。根据天眼查专业版数据,上海市工业互联网相关企业数量547家,位居全国第三,其中有专利的企业占比为57.53%,低于全国水平,拥有3个及以上专利的企业占比50.28%,高于全国水平,无风险企业占比98.44%,基本和全国水平持平,行业整体呈现低风险现状。

以上汽大通的DT&T数字技术与转型为例,基于C2B大规模个性化定制,通过移动互联网、云计算、大数据、微服务化等数字技术搭建数字化平台服务用户,突破了传统做法的掣肘,实现大规模个性化定制模式,实现由企业信息化时代走进数字化时代,其核心是以数据驱动业务运营和决策,其核心能力包括:

第一,数字战略和平台的规划能力。相较于传统瀑布式信息化系统规划而言,现在数字化平台规划更加强调敏捷迭代,通过产品设计、产品运营、数据分析、产品迭代等形成一个完整的闭环,实现快速迭代、快速验证。

第二,数字技术架构能力。互联网时代技术架构发展飞快,企业应用软件的开发平台将会进入开源的时代。因此就架构而言,大通更多的是强调如何开放,以便支撑未来发展。

第三,交付和服务能力。即完整的数字产品交付能力、数字交互体验的设计和交付能力,以及提供数字化产品的服务、运营能力。

第四,前瞻技术储备和应用能力。包括人工智能、大数据、云计算、5G等新数字技术的储备能力。

第五,项目管理和数据安全能力。包括PMO项目管理能力、数字安全规划及管控能力、数字化风险管控和预警能力。

第六,资源整合和输出能力。即整合生态圈的资源,并向各公司业务板块及合作企业输出数字化的能力。

大通的数字产品思考,归纳起来为"双引擎"。一块是用户引擎,即一切围绕用户,对用户标签、画像、行为进行分析,在数字平台和数字触点中,利用用户引擎产生的数据标签、用户画像,精准地为用户服务,提供用户想要的产品和服务。另一块是蜘蛛智选（产品引擎），即通过蜘蛛智选作为入口，了解用户对产品的配置喜好，推动和拉动企业整个B端工程研发、制造、供应链、质量、售后等，打造最贴近用户的产品和服务，形成核心竞争力。

上汽大通C2B业务架构包括数字化用户运营体系、数字化营销体系、数字化研发制造体系及"我行MAXUS"大数据平台。

数字化用户运营：通过自建"我行MAXUS"数字化平台运营，可洞悉用户的产品需求、产品使用数据，以蜘蛛智选为核心节点，贯穿营销和研发制造体系数据链，推动新产品开发和迭代，实现用户个性化产品生产。

数字化营销体系：以千人千面为建设目标，增强娱乐化、智能化体验，做产品的营销端口，结合AI场景赋能，加速营销数字化转型，建立起用户驱动的数字化企业的指标体系。

数字化研发与制造：结合3D设计在线、B端供应链透明化、质量在线，打造基于国家智能制造成熟度标准的智能制造平台。

"我行MAXUS"大数据平台：构建围绕"用户""车辆""经销商"等多个业务对象的数据开放集市，基于大数据、云计算、AI技术，实现数据价值的挖掘和转化。

三、数字产业化成效卓著

上海电子信息制造业已在五大高技术产业工业中占据主导地位。《上海促进电子信息制造业发展"十三五"规划》中关注技术创新、业态创新、产业模式创新、产业链生态建设等重点领域，提出在重点领域取得国内的龙头地位，并要在2020年初步将上海建设成为具有国际影响力的电子信息制造业创新与产业化基地。2020年1—8月，电子信息制造业在上海五大高技术产业工业总产值构成中占据主导地位，占比达50.80%，相关企业主要分布在电子元件制造和电子器件制造领域，从企业健康度来看，上海市电子信息制造业无风险企业占比达83.23%[①]，高于全国水平约3个百分点。2020年11月的上海市"十四五"规划中，集成电路和人工智能等数字相关产业成为上海重点推进

---

① 数据来源于亿欧智库：《2021上海市数字经济发展研究报告》。

的先导产业,电子信息、高端装备等数字相关产业则位居其六大重点产业之列。2020 年,上海市发布多项电子信息相关政策,其中多次指出上海市将大力鼓励集成电路等芯片产业的发展。芯片产业成为上海电子信息制造业最受关注的领域。基于上海市对芯片行业的政策支持,上海市成为芯片企业的主要孵化地。从投资金额和交易笔数分析,上海市在全国范围均占据第一。

上海电信业尤其是固定网络和移动网络建设方面始终走在全国前列,优质企业占比高。当前全球正在迈入千兆网络新时代,中国宽带网络建设取得了显著成效,达到国际领先水平,特别是在移动通信领域,取得了 5G 网络的先发优势。上海市作为我国的经济中心,无论是固定网络还是移动网络的建设工作都始终走在全国前列。上海市电信业相关企业天眼查评分 60 分以上企业占比达 8.41%,高于全国平均水平 3.33%,而 80 分以上企业占比达2.29%,远高于全国 0.22%的平均水平,且无风险企业占比高达 96.94%,企业健康度优于全国水平,相关企业风险较低。① 上海市已率先实现“双千兆宽带城市”的建设目标,千兆宽带和 5G 等下一代信息通信基础建设将成为上海市电信业的建设重点。对照中国推进“千兆城市”建设的相关指标考虑,以及《上海市推进新一代信息基础设施建设助力提升城市能级和核心竞争力三年行动计划(2018—2020 年)》所提目标,上海市的网络基础设施能力和覆盖度以及用户感知度(平均下载速率)均已率先实现“双千兆宽带城市”的建设目标。依托不断加强的政策供给,上海市在 5G 建设和千兆网络建设方面长期领先全国其他地区。

上海市软件和信息技术服务业持续向好,具备专利优势,相关企业风险低。新冠肺炎疫情以来,上海的软件产业呈现了持续向好的发展态势。为以实际行动贯彻落实习近平总书记长三角一体化发展战略,12 月 9 日,长三角地区三省一市的软件行业协会代表签署《长三角软件品牌一体化发展战略合作协议》,共同打造长三角软件品牌,共同培养软件高技能人才,协同推进长三角软件一体化的高质量发展。上海市软件和信息技术服务业有专利企业占比为 4.62%,远高于全国水平的 2.6%,拥有 3 个及以上专利的企业占比为

---

① 数据来源于亿欧智库:《2021 上海市数字经济发展研究报告》。

2.68%,远高于全国水平的 1.57%。无经营异常记录的企业占比达 92.28%。①

上海互联网和相关服务业收入规模与增速位居前列,相关企业专利持有情况远超全国水平。根据工信部数据,2020 年前三季度上海市互联网业务累计收入位居全国第三,增长 22.7%。上海市互联网和相关服务业有专利企业占比 3.36%,超全国水平 4 倍以上,拥有软件著作权企业占比 15.29%,超全国水平 5 倍以上。无风险企业占比 85.76%,高于全国水平的 75.73%。②

上海市游戏产业发展势头良好,知名游戏企业实力提升迅速。2019 年上海移动游戏销售收入达到 523.9 亿元,增长率达到 33.2%,增量超过 130 亿元,这一数据为历史新高。近年来上海游戏企业研发实力提升显著,除盛趣游戏、巨人网络等老牌游戏企业外,三七互娱、游族网络等企业通过收购完成了研发实力的快速提升,莉莉丝、米哈游、鹰角网络等新兴的移动游戏企业也在持续打磨自身的研发实力,并产出了代表性自研产品。2019 年上海自主研发网络游戏销售收入占全国比例达 36.8%。目前上海游戏企业越来越注重提升产品研发的能力,将自主研发作为企业长期的持续发展战略。同时,上海也在积极吸纳全球的研发力量,引入全球性的研发团队,例如腾讯在上海建立了分部。

上海数字出版产业发展迅猛。数字出版产业在上海数字文化贸易中发展最快,相对于传统出版业,其具有成本低、储存便利、整理简易等优势。2018 年上海网络文学销售收入 47 亿元,占全国约 40%,同时,张江国家数字出版基地的数字出版及相关产业营收达到 560 亿元,同比增长 15%。上海现有的网络文学产业链已形成了 890 万作者、1340 万部作品。③

上海在线服务发展较快。在线上教育领域,上海拥有互联网教育企业近700 家,知名互联网教育品牌企业包括新东方、沪江网、英语流利说、VIPABC、学霸君、学尔森等,教育覆盖程度和范围广泛,形成了较完整的互联网教育生态体系。据有关统计,疫情严峻期间,平均每天有 500 所学校、5000 位老师、

---

① 数据来源于亿欧智库:《2021 上海市数字经济发展研究报告》。

② 数据来源于工信部网站,见 https://www.miit.gov.cn/gxsj/tjfx/zh/art/2020/art_e5ee2c11-d465450aa63d73fdaa248689.html。

③ 戴跃华:《上海数字贸易发展的瓶颈和对策》,《科技发展》2020 年第 8 期。

20万名学生在上海晓信信息科技有限公司打造的线上教育APP晓黑板学习互动,平均每天的直播课次达到近1万场。在线上医疗领域,上海虽还处于发展的初级阶段,但有的平台注册用户已达几千万人,注册医生也达几十万人,其中,徐汇中心医院取得上海市首家公立互联网医院牌照,为患者开辟线上诊治通道。此外,微医等一大批互联网医疗平台成为连接海外华人、华侨、留学生的网上通道。在线上金融领域,2020年9月上海银行上线新一代企业外汇网银,对智能跨境服务进行再次优化,实现付汇、收汇、结售汇、进口单证、出口单证和贸易融资全线上操作,"一站式"满足企业跨境结算与贸易融资需求,成为上海银行外汇业务的里程碑。2020年新冠肺炎疫情期间,大部分线下贸易渠道被切断,一大批在线服务企业迎来飞速发展的机遇。

上海市云计算服务大幅增长。自2010年8月启动"云海计划"以来,上海云计算服务业迅速成长,大批云计算专业素质人才得到培养和引进,信息服务业新增经营收入大幅增长,2010年1—9月,上海信息服务业营业额达到1879亿元,同比增长19.2%。到2016年,上海云计算技术和服务收入达到780亿元,增长趋势进一步显现。2017年上海市经济信息委积极响应国家云计算发展战略,发布"云海计划3.0",该蓝图成为上海实现全球影响力科技创造中心目标的动力源,同年,上海软件信息服务产值达到914亿元,同比增长16%。根据上海软件创新论坛的最新数据,上海2019年前三季度软件信息服务营业收入共计7267.78亿元,较2018年有了大幅提升。[①] 同时,从上海云计算的产业数量及规模来看,截至2019年年末,上海云计算市场规模约300亿元,行业内相关企业主要分布聚集在市北和杨浦区域,共227家,已服务国内外企业数量超过两万家。[②] 总体来看,上海云计算信息服务行业业态较为完整,随着大数据等相关信息产业的集聚产生的溢出效应,政府政策有利外部环境和全市经济社会各领域信息化水平的全面提升,上海云计算行业将迎来发展的新阶段。

---

① 数据来源于工信部网站,见 https://www.miit.gov.cn/gxsj/tjfx/rjy/art/2020/art_c86df-0046o314767a59265987880214o.html。

② 戴跃华:《上海数字贸易发展的瓶颈和对策》,《科技发展》2020年第8期。

第三节 上海数字贸易发展机遇和制约因素

一、上海数字贸易发展机遇

今后的一段时间,上海市的数字贸易发展面临着更加深刻复杂的内外部发展环境,但仍处于重要的战略机遇期,机遇和挑战并存。具体来看,上海市数字贸易发展的主要机遇包括:

(一)国际经贸及供应链带来新机遇

上海是中国的经济重心,经济发展对外依存度相对较高,也是我国改革开放的前沿窗口,因此一方面受到外部环境深刻变化带来的重大挑战,另一方面也面临着全球治理体系和经贸规则变动带来的新机遇。随着新科技革命和产业变革在全球范围内深度推进,进而推动全球范围内价值链、产业链和供应链布局深度调整,新冠肺炎疫情促使跨国公司谋求多元化布局,这有利于吸引全球供应链向我国及长三角地区集聚,助力上海成为全球资本的重要流入地之一。

(二)内需潜力与数字经济带来新动能

上海坚定实施国家扩大内需战略,大力吸引国内外高端要素集聚,推动人才、资金、技术、信息等各类流量扩容增能,有利于推动数字贸易发展不断跃升。上海明确要加快国际数字之都建设,大力推动数字产业发展,实现数字贸易以及线上购物、线上文娱、数字医疗、数字教育等跨越式发展,这将成为上海数字贸易发展的新增长点。

(三)国家对上海战略定位提出新要求

新时期国家赋予上海的重要使命包括推进浦东高水平改革开放和新的三项重大任务、强化"四大功能"、加快建设虹桥国际开放枢纽等,这为上海国际贸易中心建设指明了方向,也拓展了上海市数字贸易新的发展空间。未来上海数字贸易的发展将全面贯彻落实国家要求,充分利用国内国际两个市场、两种资源,在更高的起点上构筑服务全国,辐射全球的新平台、新网络。

二、上海数字贸易发展制约因素

（一）数字贸易出口不足

从上海数字贸易进口和出口数据比对来看，进口额大于出口额，且两者间差异较为明显，这种跨境贸易上的失衡很大程度上是由于上海数字贸易的定价能力处于弱势。以数字出版为例，据统计，上海每年引进国外书籍所花费的版权费超过 90 亿美元，而同类别书籍出口所收版权费不足 20 亿美元。数字贸易上贸易逆差的扩大不利于提高上海数字产品的国际竞争力，进而影响数字产业在真正意义上的"走出去"。[①]

（二）知识产权保护不足

数字产品具有的易复制、易编改、易传播特点使其在交易中极易出现版权的侵害问题，因而拥有公平公正的市场秩序、健全的产权保护体系是上海数字贸易发展的基本前提和必然要求。当前，上海政府已多次完善知识产权相关保护制度与条例，高度重视产权保护工作，起步早而起点高，有不少对优化产权保护体系的探索走在全国前端，但知识产权治理体系和治理能力与中央要求和国际一流水平间仍存在一定差距，打法律和政策"擦边球"的侵权现象在既有体系和制度管理下仍无法得到有效全面防范，此外，在新经济背景下，多变的市场环境涌现层出不穷的新问题，这对法治水平的应对速率和解决效率都提出了更高的要求，相关部门对知识产权保护的再梳理、再优化具有高度的现实意义。[②]

（三）数字贸易统计不足

根据《上海市数字贸易发展行动方案（2019—2021 年）》，数字贸易涵盖云服务、数字内容、数字服务行业应用、跨境电子商务四个领域，但有关部门暂未对上述四个领域制定相关统计制度，因而无法作出符合统一标准的统计方案。目前，上海对重点发展产业如工业和服务业贸易、总部经济情况都有做比较详尽的统计，其中，在服务贸易的进出口情况统计的 11 个指标中，知识产权使用费，电信、计算机和信息服务等指标的部分领域都与数字贸易领域有所重合，但均未做进一步相关统计。此外，从全球范围来看，不同经济部门对数字

[①] 戴跃华：《上海数字贸易发展的瓶颈和对策》，《科技发展》2020 年第 8 期。
[②] 戴跃华：《上海数字贸易发展的瓶颈和对策》，《科技发展》2020 年第 8 期。

贸易的概念及产业分类存在口径不一致问题,如 USTR 发布的《数字贸易的主要壁垒》中指出数字贸易包括在线上的产品销售和服务提供和能够实现全球价值链的数据流、实现智能制造的服务等,而在中国信通院发布的《数字贸易发展与影响白皮书(2019)》报告中,数字贸易被划分为贸易方式和贸易产品的数字化两大类,两者存在一定的定义差。另外,国际标准产业分类体系新增的"信息和通信"门类虽然涵盖了数字部分,但未涉及贸易相关,难以作出清晰的统计界定。在统计层面上的空缺不利于相关政策制定者进行决策化分析,难以预估判断上海数字贸易未来发展的增长路径,也难以为现存和潜在产业提供数据参照,一定程度上牵制了上海数字贸易产业的发展。[1]

(四) 龙头企业发展不足

上海数字贸易龙头企业发展不足,一是体现在数量规模上。上海具有在数字贸易领域的竞争优势和政策支持,但缺乏国内外有影响力的相关龙头企业。从国内分布来看,敦煌网、网易、京东全球购、苏宁全球购、天猫国际等数字贸易龙头企业大部分集中于北京、深圳、杭州等地区,此外,跨国数字贸易龙头企业如亚马逊、谷歌、苹果、微软等公司主要将总部和研发中心设立在北京,而极少落于上海。二是体现在质量水平上,相关报告表明,北京、杭州在龙头数字企业的估值相对于上海优势明显。同时,《中国"互联网+"指数报告(2018)》按数字产业的发展优劣状况将全国各省市划分为不同梯度,其中杭州、北京、深圳为第一梯度,上海因数字经济总体活跃度评分较低而划分到为较为弱势的第二梯度。数字贸易龙头企业在数量与质量上的弱势不利于上海全球数字贸易平台的构建,同时中小企业缺乏领头羊,难以进行成熟技术交流和数字资源共享,从而在一定程度上影响上海数字贸易发展。[2]

第四节 上海数字贸易发展路径选择

上海市政府高度重视数字贸易领域的发展,围绕云服务、数字内容、数字

---

[1] 戴跃华:《上海数字贸易发展的瓶颈和对策》,《科技发展》2020 年第 8 期。

[2] 戴跃华:《上海数字贸易发展的瓶颈和对策》,《科技发展》2020 年第 8 期。

服务、跨境电子商务等重点领域,出台了一系列利好政策,在全国数字贸易的政策推动上走在了较前端。

早在 2019 年 7 月,上海市就发布了《上海市数字贸易发展行动方案(2019—2021 年)》,这是我国第一份省级层面数字贸易领域的纲领性文件。在此行动方案中,上海提出要加快发展数字贸易,打造数字贸易开放创新体系,并在云服务、数字内容、数字服务、跨境电子商务四个方向领域出台了相关支撑政策。

2020 年 11 月,上海出台《上海市全面深化服务贸易创新发展试点实施方案》,提出要大力发展数字贸易,对于跨境服务方面,重点关注的是两方面,一是基于工业互联网跨境服务(主要包括大数据采集、存储、处理、分析、挖掘和交易);二是在线新经济跨境服务(主要包括网络视听、在线社交、数字支付等),并提出要认定和培育一批数字贸易重点企业。

2021 年 3 月发布的《虹桥国际开放枢纽建设总体方案》中,上海市将培育引进数字贸易领域的领军企业,包括独角兽企业和行业龙头企业纳入重点工作,并打造杭海国际数字贸易新城(海宁),强化数字贸易产业支撑。

2021 年 4 月 20 日,上海发布《"十四五"时期提升上海国际贸易中心能级规划》,提出要大力推动数字产业发展,实现数字贸易以及线上购物、线上文娱、数字医疗、数字教育等跨越式发展,以此加快国际数字之都建设,同时上海市提出要从建设高质量基础设施、建立数字贸易国家级基地、打造大型互联网平台、健全数字贸易公共服务功能、加大上海数字贸易品牌培育力度五方面加快建设数字贸易国际枢纽港。

2021 年 4 月 23 日,上海发布《上海市服务业扩大开放综合试点总体方案》,在数字贸易方面强调要探索开展数字贸易统计监测,支持上海市参与全球数字经济交流合作,建设虹桥数字贸易跨境服务聚集区,鼓励其提升数字贸易知识产权综合服务等功能。

专栏 5-4 《上海市数字贸易发展行动方案
(2019—2021 年)》的政策分析

以 2019 年 7 月出台的《上海市数字贸易发展行动方案(2019 — 2021

年)》为例,上海市提出从云服务、数字内容、数字服务、跨境电子商务等重点领域推动数字贸易发展,并提出 12 项主要任务,重点关注数字贸易跨境服务集聚区、原创内容 IP、数字服务重大项目、数字贸易交易促进平台、全球数字合作城市联盟等方面的建设与支持。

1. 云服务

上海市提出重点发展的云服务主要包括三大模式,一是基础设施即服务,二是平台即服务,三是软件即服务等,聚焦云存储、分布式处理以及多样化的云部署等基础设施即服务模式,利用平台即服务的广泛应用降低中小型创新企业的开发成本,发展业务流程、数据、统一通信、安全和人工智能云集成服务等专业化、创新化软件即服务模式,并提出要积极争取外商投资企业在上海发展云服务业务,全面提升上海市云服务的综合影响力。

为培育上海市云服务市场环境,推动上海市云服务需求的提升,上海市主要从免费开放云服务资源、鼓励发展新产品新模式、加快推动"企业上云"、支持企业研发创新等角度鼓励企业积极利用云服务提升企业发展水平。

2. 数字内容

上海市在数字内容方面的政策较多,一是要从促进数字内容产业的时代化及多元化融合转型;二是要支持搜索引擎专业化和社交媒体平台个性化发展;三是要推动数字化技术在文化创意产业等领域内的新模式和新业态发展;四是要加强上海市原创内容的数字化发展并提升其在全球的影响力和竞争力;五是要打造数字内容开发生态圈营造良好数字发展环境。

3. 数字服务

上海市在数字服务的行业应用上也提出了不少举措,包括推动数字服务赋能垂直行业,积极运用大数据和物联网等先进技术,促进数字技术在各行各业的应用,增加服务外包和技术贸易数字化业务占比,并提出要鼓励企业在基础研发方面的投入,探索建设以数字化转型升级需求为基础支撑的数字服务合作生态圈,全面改善数字服务水平。

4. 跨境电子商务

无论是在行动方案中,还是在 2020 年 11 月 5 日开始实施的《上海市关于推进贸易高质量发展的实施意见》中,上海市对跨境电子商务的发展强调四

"合"：一是要融合，即推动跨境电子商务和新技术、新模式的深度融合发展，支持精准营销和智能营销的运用，全力培育"社交＋电商"的商业发展模式；二是要综合，即推动上海跨境电子商务平台和社交媒体、搜索引擎、数字内容平台之间的综合应用；三是要合作，即促进电子商务与其他国家的合作，使一批电子商务平台在国际市场上占有一席之地；四是要联合，即积极推动数字支付技术的与跨境电子商务的联合发展，积极应用区块链和数字签名技术在内的电子档案技术，保障跨境电子商务的交易安全。

一、明确区域分工定位

上海市坚持新发展理念，推动高质量发展，将上海"五个中心"建设和"四大品牌"战略结合起来，创建核心功能是作为国际贸易中心建设的"数字贸易国际枢纽港"，形成与全球接轨的高水平数字贸易开放体系；打造创新创业交易促进和合作共享中心，发展新型数字贸易，围绕新模式和跨境电子商务等基础好、潜力大、附加值高的特色领域，进一步加强上海数字贸易领先一步的优势，将数字贸易持续增长作为其核心竞争力培养，进一步提高上海数字贸易在全球的地位。对此，上海市对各区在数字贸易的发展上都进行了清晰的定位。

浦东新区，打造数字贸易国际枢纽港。根据浦东新区 2020 年 11 月 16 日出台的《上海市关于推进贸易高质量发展的实施意见》，基础设施和制度环境要增速建成，并与数字贸易发展速度相配合。全力将虹桥商务区建为全球数字贸易港。数据跨境流动安全评估在自贸试验区临港新片区试点开始实施，探索建立数据跨境流动分类监管模式。打造一批数字贸易服务出口基地，进一步完善数字贸易交易推动平台服务功能，实现与海关跨境贸易大数据平台联通。

黄浦区，加速数字贸易业务发展。根据黄浦区 2020 年 4 月 30 日制定的政策《黄浦区加快推进长江三角洲区域一体化发展国家战略行动方案（2020—2022 年）》，集中注意力于聚集全球大型贸易企业和连锁品牌的地域总部和职能中心，吸引国内外吸引有、影响力的贸易组织和贸易促进机构，加速推进黄浦在全球贸易投资网络中的枢纽节点功能，不断增强黄浦商贸服务辐射长三角的能力。

金山区,推动数字贸易大力发展。根据金山区 2020 年 11 月 5 日印发的《上海市全面深化服务贸易创新发展试点实施方案》,支持发展跨境服务和在线新经济跨境服务,选定重点培育一批数字贸易企业。提升浦东软件园作为国家数字服务出口基地的功能,加强其综合监管,加速新一批国家级基地的认定。推动国际互联网数据专用通道和国家新型互联网交换中心在特定功能区域的建设。协调全市能源和土地利用指标,探索建立大规模云计算数据中心。加速超大开放力平台在浦东新区落户。健全数字经济领域的数据共享服务等功能,打造数字贸易交易促进平台。

青浦区,率先打造全球数字贸易港。根据青浦区 2019 年 11 月 13 日出台的《关于加快虹桥商务区建设打造国际开放枢纽的实施方案》,要搭建数字贸易资源配置和项目对接功能平台,推动服务长三角城市群和全球城市的数字贸易城市联盟落地。构建数字贸易交易促进平台,吸收发展一批数字贸易创新市场主体,搭建两个主要承载区——虹桥数字贸易跨境服务集聚区和上海数字贸易港。推动基于人工智能和 5G 物联并且聚焦于城市设施和城市运维等领域的长三角城市大脑集群的建成,建设更多智能应用场景。打造长三角电商中心和国家跨境电商示范园区,集聚培育一批高能级跨境电商龙头企业和上下游产业链企业。鼓励跨境电商"海外仓"建设、海外运营中心建设和跨境技术转移,支持境外营销网络和跨境电商出口企业的融合。

二、设定科学合理目标

上海将加速集成电路的建设以及人工智能等世界级数字产业集群的建设。加快各领域的数字化转型,促进产业互联网和消费互联网融合发展,进一步加强数字贸易的发展,带动在线新经济蓬勃发展。上海市未来将在促进数字产业化、产业数字化上进一步发力,全面提升数字经济对经济的辐射带动作用。在生活领域,要加强政府、企业、社会等各方面信息系统的业务协同和数据联动。数字化将推进公共卫生、健康等基本民生保障更均衡、更准确、更充分。进一步加速城市公共设施的数字化转变,打造数字商圈平台、区智慧物流网络和新能源设施终端等生活"新基建"。"数字鸿沟"问题也要全力解决,提倡各类公共服务"数字无障碍"。通过数字化在教育、医疗、养老、出行等方面建成更便捷的公共服务。上海市提出要在 2035 年打造成为具有世界影响力的国际数字之都。具体来看,近期的主要工作分三个目标进行。

目标 1:到 2021 年,上海市实现 400 亿美元的贸易进出口总额,其中,数字贸易实现出口额 260 亿美元,达到年均增速约 15%。以实现全球影响力、资源配置力和创新驱动力为目标,打造 5 家市值超过百亿美元的龙头企业。全力加快建设"数字贸易国际枢纽港",全面提升上海市数字贸易的规模和竞争力,促进要素高效流动,进一步完善数字规则,实现总部高度集聚。

目标 2:到 2022 年,力争使上海市数字贸易额的一半以上由虹桥商务区完成,打造一批数字贸易龙头企业,这些龙头企业估值百亿美元,并且具有全球影响力、资源配置力以及创新驱动力;集聚一批数字贸易平台,引进一批数字跨国公司,培育一批独角兽企业。在这些条件下,虹桥商务区成为拥有数字最综合的贸易服务、最便利的要素流通、最完善的功能平台的数字贸易集聚区。

目标 3:到 2025 年,建设形成上海国际数字之都基本框架,推动上海全面数字化转型取得巨大成就。在坚持整体性转变、全方位赋能和革命性重塑的原则上,从三个方面推动上海数字化转型达到新阶段。一是在基础设施建设方面,上海市提出要打造具有全球竞争力和影响力的金融科技中心和数字经济创新高地,从国际一流的数字化基础设施、全国领先的数字经济和功能完善的数字贸易国际枢纽港三个方面,在上海市打造世界级的数字产业集群。二是在数字生活方面,上海市提出要推动公共服务质量和效率的进一步提升,建设动态的数字生活服务生态,打造更优质、更惠及所有人的数字生活新范式。三是在治理能力方面,上海市提出要打造领先全国的超大城市数字治理模式,形成高效流动的数字要素,进一步完善数字规则。

三、打造"数字贸易国际枢纽港"

加速将上海市构建成"数字贸易国际枢纽港"。进一度增强虹桥国际的开放枢纽功能,推动聚焦于虹桥商务区的数字贸易跨境服务集聚区的建设,支持数字贸易增值服务应用于满足要求的境外企业中,以使形成的跨境数据流动开放体系达到更高的水平。探索进一步降低经营增值电信业务的外资市场最低准入标准,促进具有融合全球数字生产、加工、定价、交易、存储、转移等关键环节的全价值链运营服务体系的完善。

完善"数字贸易国际枢纽港"的高水平监管体系。加速在保护知识产权和保护个人隐私等方面探索与全球通行规则对接的数字贸易监管举措,并且所形成的具有本国特色的监管体系涉及数据流通、数据安全、网络内容监管等与数字贸易密切相关的领域,在虹桥商务区积极开展事中事后的监管技术建设和试点示范。积极促进上海与全球各国数字贸易相关的管理机构和主要城市在数字贸易规则、监管、便利化等方面达成谅解和合作,加速知识产权海外维权渠道和争议解决机制的完善。

打造"数字贸易国际枢纽港"的总部聚集功能。积极创建应用云计算、大数据、互联网、人工智能等先进技术,将焦点聚集于制造业、金融、医疗、运输、旅游、文化创意等重点区域的全球数字贸易总部基地的打造,吸引一批跨国数字贸易企业总部在上海建设,并且鼓励和支持这些公司的亚太乃至全球创新、研发、运营和应用等的中心体系在上海建立。

四、培育市场主体优势

提升原创内容 IP 的国际影响力。深入挖掘上海市具备优势的数字内容领域的潜力,鼓励数字阅读、网络视听、动漫、网络游戏等领域的一批原创内容 IP 的发展,并进一步打造具有的长生命周期、具有更大的影响力和更强的辐射力的知名 IP 项目,积极创建文化创意产业扶持政策,开展"原创数字内容 IP 海外行"等一系列创意活动,帮助企业吸纳海外高绩效科技人才、合作资源和资本;提升城市数字内容的开发和运营能力,加强境外 IP 原创内容的发布和推广。

实施数字贸易高端服务项目。焦点聚集于云服务、互联网、人工智能等与数字贸易密切相关的领域,对一批具有高端化、国际化和规模化的数字贸易服务重大项目给予重点扶持。对某些重点项目给予资金、能源、土地、人才等方面的全面支持和基本保障,并且全力营造与国际数字贸易相适应的环境基础,进一步促进重大数字贸易项目的建立和落实。

培育数字贸易独角兽企业。聚焦于数字贸易的新模式和新业态,特别是与垂直领域深度融合、开放合作、平台化与共享化的集成服务模式,在数字贸易领域培育有巨大的增长潜力的独角兽企业,并且重点培育一批具有规模优势、资源优势和创新优势的特点的龙头企业。通过国家服务贸易创新和开发指导基金之间对接的进一步加强,推进上海数字贸易创新发展基金的设立,为数字交易独角兽企业提供多种资金援助。

五、增进公共服务支撑

打造数字贸易重点区域。建设虹桥商务区数字贸易跨境服务集群,打造数字贸易国际枢纽港口重要载体,进一步完善资源分配和服务功能,为长江三角洲城市建设合作平台提供基础。将浦东新区打造为数字内容领域引领示范区,构建一体化的综合数字服务系统,推动区域内重点软件园、信息产业园的数字化转型升级,构建适合数字贸易开发的软环境。打造长宁数字服务发展示范区,力争将全国数字服务出口基地在临空经济,认定和鼓励发展多个以数字贸易为发展焦点的服务贸易示范基地,并形成东西联动、点面结合的数字贸易重点区域发展格局。

建设数字贸易交易促进平台。上海市数字贸易交易促进平台的核心功能包括海外推介、信息共享、项目对接、版权服务四个方面。为实现国内外数字资源和项目的对接,上海市提出将国内外促进机构打造的专业交易平台同世界主要的数字贸易平台型企业聚集发展,推动海外市场的深度合作。为了收集关于数字交易和著作权交易的信息,积极利用区块链等新兴信息技术,扩大与国际标准接轨的数字版权确权、评价和交易功能,打造数字内容和产品仓库资源库。打造专业平台交易流程的监管功能,探索在数据采集、流通和使用的有效管理,改进交易标准化,帮助企业建立数据安全保障体系,提高企业的数据安全防范和治理能力。

加强数字贸易金融服务创新。支持互联网支付、网上银行、网上证券交易等金融服务的发展,鼓励金融行业利用互联网、大数据、云计算以及人工智能等技术,形成与现代发展速度要求相适应的数字化转型及金融科技创新机制。支持金融以及持牌非金融机构在符合规定的领域内在转账、支付以及投资等方面进行产品研发,焦点聚集于提高对数字贸易中中小企业的支持力度。

六、推动贸易全球发展

加速建设数字贸易会展合作平台。聚焦"一带一路"沿线市场,积极创建以中国国际进口博览会为主,中国(上海)国际技术进出口交易会、上海国际电影电视节、中国国际动漫游戏展览会以及中国国际数码互动娱乐展览会等品牌活动多向开花的国际会展平台。鼓励信息技术、专业服务以及文化贸易等平台之间的相互合作,为全球范围内的数字内容和服务与产品的展示等提供更加便利化和专业化的服务。

拓展数字贸易品牌海外宣传渠道。通过开展各种活动以及出台各项政策提升上海数字贸易的宣传力度,积极主动和各国使领馆和海外数字贸易促进机构开展合作,鼓励数字贸易品牌海外宣传渠道在线上线下同时拓展,支持本土企业与海外重点市场共同开展企业推介、项目对接以及合作意向签约等活动,提高上海数字贸易品牌的海外竞争力和影响力。

推动数字合作城市联盟建立。数字贸易资源配置和项目对接功能平台的对象是上海友好城市以及"一带一路"沿线主要城市的数字贸易采购商和服务商。全球数字化市场网络加速建设,聚焦数字服务需求较大并且与上海数字产业优势互补的合作城市,努力建立数字贸易伙伴关系,推动全球数字合作城市联盟的建立,构建长三角城市群与虹桥商务区等重点区域与全球市场的对接、联动以及合作平台,进一步建立以互联网和人工智能技术为基础的长三角城市大脑集群,从而促进长三角数字贸易产业梯度和集群布局的优化。

(本章执笔人：刘恩初　　陶媛媛　　刘湛阳)

第 三 篇

穗深杭数字贸易发展

第六章　广州数字贸易:现状、问题与策略研究

新一轮科技革命和产业变革浪潮下,全球正在进入数据驱动的全球化新时代。5G、云计算、人工智能等数字技术加速创新发展,数据成为驱动经济发展的核心战略要素资源,以互联网为传输通道、以数据跨境流动为交换载体、以电子支付为主要结算方式的数字贸易繁荣发展,以及数据和以数据形式存在的产品与服务贸易快速增长。作为数字时代重要贸易方式,数字贸易正在成为拉动贸易增长新引擎。一方面,数字贸易通过数据跨境流动,加强产业间技术、信息及知识要素资源共享,引导产业互融互进,推动传统产业加速数字化转型并向全球价值链高端延伸;另一方面,数字技术颠覆性革新持续涌现,驱动贸易新模式新业态蓬勃发展,显著提升贸易在全球价值链中的地位。中共中央、国务院高度重视数字贸易发展,发布关于推进贸易高质量发展的指导意见,强调要加快推进数字贸易发展工作。广州须抓紧数字引领变革的新机遇,乘势而上、前瞻布局,推动数字贸易快速发展,抢占数字贸易发展制高点,夯实经济社会增长新根基,实现老城市焕发新活力。

第一节　广州数字贸易发展现状

一、广州数字贸易规模稳步提升

从总体规模来看,2016—2019 年广州数字贸易规模呈现连年上升的特点,特别是 2017 年首次迈上 2800 亿元新台阶(见表 6-1)。2019 年,广州数字贸易总体

规模约为 3332.72 亿元,同比增长 16.08%;其中,数字服务贸易金额为 2727.62 亿元,数字货物贸易金额为 385.87 亿元,离岸服务外包执行额为 219.23 亿元。

表 6-1　2015—2019 年广州数字贸易数据统计　（单位:亿元）

细分领域	2015 年	2016 年	2017 年	2018 年	2019 年
数字服务贸易	1410.61	1236.20	2267.17	2383.99	2727.62
数字货物贸易	67.50	146.80	227.70	246.80	385.87
离岸服务外包执行额	240.85	299.24	344.00	240.28	219.23
总规模	1718.96	1682.24	2838.87	2871.07	3332.72

资料来源:广州市商务局、企业年度财务报告。

从数字贸易细分领域来看,广州数字贸易各领域亮点纷呈,各具特点。

（一）数字服务贸易规模位居全国高位

广州自 2018 年获批为全国 17 个深化服务贸易创新发展试点城市(地区)之一以来,力推新一轮 40 项试点任务,借助穗港澳合作优势,打造特色"自选动作",以 5G、人工智能、大数据、云计算和区块链等为代表的新一代数字技术驱动传统服务贸易领域发生深刻变革,催生一批全新的数字服务贸易领域,广州以互联网为代表的新兴技术、新兴模式广泛应用于服务业创新实践中,形成了极具特色的、可复制推广的"广州经验"。从数字服务贸易总量来看,2019 年广州数字服务贸易总规模达 2727.62 亿元,出口总额达 697.29 亿元。其中,2019 年知识产权使用费服务、金融服务、专业和管理咨询服务等知识密集型服务业的出口规模分别达到 7.17、0.07 和 82.02 亿元,均实现逐年上升,表明广州数字服务贸易逐渐向全球价值链中高端环节攀升。预计至 2025 年,广州数字服务贸易规模将继续走在全国前列,服务进出口规模达 800 亿美元。

表 6-2　2017—2019 年广州数字服务贸易数据统计　（单位:亿元）

分类指标	2017 年		2018 年		2019 年	
	总额	出口	总额	出口	总额	出口
电信、计算机和信息服务	328.33	121.19	344.57	130.50	208.54	175.70

分类指标	2017 年		2018 年		2019 年	
	总额	出口	总额	出口	总额	出口
文化和娱乐服务	7.36	0.54	8.14	0.79	6.35	0.97
金融服务	1.42	0.34	1.92	0.53	1.31	0.07
保险和养老金服务	29.03	7.70	20.80	5.76	29.87	6.14
专业和管理咨询服务	124.44	60.36	128.38	67.83	135.14	82.02
知识产权使用费服务	152.52	5.33	187.87	5.10	165.63	7.17
旅行服务	1382.50	426.31	1643.96	469.11	2129.36	409.22
维护和维修服务	41.57	13.87	48.35	14.70	51.42	16.00
总规模	2267.17	635.64	2383.99	694.32	2727.62	697.29

资料来源:广州市商务局。

专栏 6-1 广州市天河区数字服务贸易发展案例

广州市天河中央商务区作为广州的核心经济引擎和城市名片,是中国三大中央商务区之一,也是全国商务区中唯一获得国家数字服务出口基地的商务区。获批国家数字服务出口基地后,广州天河中央商务区发挥现代服务业导向功能,引导粤港澳大湾区城市群传统制造业率先通过数字化转型延伸产业链,协同发展基于数字技术的服务新业态,促进动漫游戏、网络文化、数字艺术展示等数字创意产业发展。同时,广州天河中央商务区强化人才驱动创新能力,发挥南方人才市场等人力资源服务机构集聚天河中央商务区的优势,鼓励猎头机构发展,搭建人工智能与数字经济企业与猎头机构的供需对接和精准匹配平台,打造人才集散地,为广州市数字贸易发展提供人才保障。

近年来,天河中央商务区着力推动创新引领,数字贸易蓬勃发展。拥有数字服务类企业近2万家,其中高新技术企业超700家,汇量科技、赛意信息等数字服务领域上市企业8家,规模以上软件企业294家,软件业务收入超400亿元。2020年上半年,天河中央商务区服务贸易进出口额6.65亿美元,同比增长 7.3%。其中,出口额 5.69 亿美元,同比增长 14%。

(二) 数字货物贸易规模全国领跑

近年来,广州深入推动跨境电商与商贸产业融合发展,推动跨境电商数字化应用转型升级,数字赋能再造跨境电商发展新能级。《中国跨境电商综试区城市发展指数报告(2020)》指出,全国 105 个跨境电商综试区城市中,广州位列先导城市首位,发展总指数与规模指数均位列全国第一。据广州海关数据显示,2019 年广州通过海关跨境电商管理平台数字货物贸易规模达 385.87 亿元,同比增长 56.4%,是传统贸易增长率的 9 倍,位居全国第二(见图 6-1、图 6-2)。其中,出口 132.7 亿元,同比增长 171.7%,位居全国第三;进口 253.2 亿元,同比增长 27.9%,位居全国第一;邮快件电商包裹 58.5 亿元;跨境电商总规模达 444.4 亿元,同比增长 80.1%,位居全国第一。广州空港经济区跨境电商商品备案项数超 10 万种,大规模开展[(9610)B2C]进出口、

（单位：亿元）

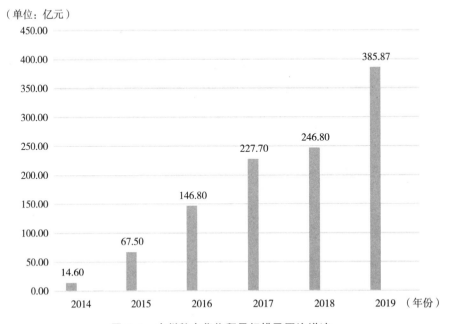

图 6-1 广州数字货物贸易规模及同比增速

资料来源:广州市商务局。

[(1210)BBC]进口、9810 出口海外仓和 B2B(9710)出口等多项跨境电商业务;引进宝能集团广州空港跨境电子商务产业园、苏宁跨境电商全国枢纽项目、广州空港大湾区跨境电商产业园、广州香雪空港国际医药物联网中心、唯品会广州空港跨境电商运营总部等投资项目,投资总规模超 150 亿元,预期达产后年产值将超 150 亿元。至 2022 年,跨境电商国际枢纽港产业聚合发展态势愈加显现,产业载体与创新平台建设再迈新台阶,跨境电商国际枢纽港内流通商品货值将超 1000 亿元,可实现企业主营业务收入 200 亿元。至 2025 年,港内各片区步入开发建设成熟期,跨境电商流通商品货值将超 3000 亿元,可实现企业主营业务收入 500 亿元。

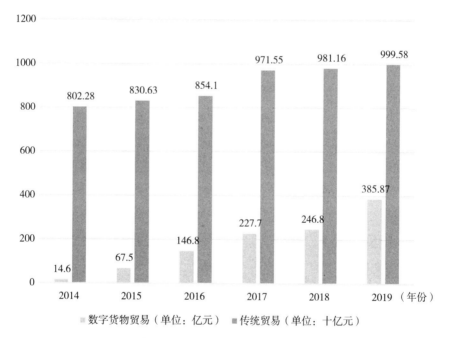

图 6-2　广州数字货物贸易与传统贸易交易规模

资料来源:广州市商务局。

专栏 6-2　广州空港经济区跨境电商发展案例

广州空港经济区作为广州跨境电商综合试验区的核心片区,是国内跨境电商创新监管模式、政策的主要发源地之一,拥有独特的枢纽机场的电商资源优势、先行先试的创新政策优势、模式丰富的跨境电商业务优势、承载外贸产业的空间优势、众多电商项目集聚的发展优势。

第一,加强顶层设计,建设实施方案,擘画广州空港跨境电商枢纽港发展蓝图。广州空港经济区积极推进开展分类监管、进口申报备案清单制、特定方式入区等创新监管模式定制和落地工作,加快推进跨境电商"枢纽仓"监管政策创新,探索建立"一仓多功能,一仓多形态"的监管模式,统一简化跨境电商业务模式监管标准,白云机场综合保税区将兼具"海外仓"功能,具备与国际一流自由贸易港竞争的"软实力";推动广州白云机场综合保税区(南区)正式开园,形成中区和南区跨境电商业务齐头并进、优势互补的良好局面;已引进一批跨境电商优质项目,开展业务领域可覆盖交易平台、物流供应链、支付结汇等跨境电商业务全链条;已启动"智慧空港物流核心平台"建设工作,进一步减单证、优流程、提实效、降成本;加快推动空运物流智能化系统与广州国际贸易"单一窗口"平台对接,促使货物报关单通过"单一窗口"申报覆盖率达 100%,并实现对跨境电商业务的全覆盖。

第二,筑牢发展基础,交通为基赋能产业,跨境电商产业集聚效应不断增强。加快白云机场物流基础设施建设,构建异地货站网络,拓展货运航线广度厚度,培育货运基地航空公司,推动物流业务数字化转型等,不断强化白云机场国际航空枢纽功能,持续助力增强广州空港跨境电商国际枢纽港的吸引力、集聚力和竞争力。

(三) 广州离岸服务外包执行额持续增加

2017 年,广州离岸服务外包执行额 344.00 亿元,同比增长 14.96%,首次突破 300 亿元,创历史新高。其中,知识流程外包(KPO)执行额最高,为 203.57 亿元。2020 年,广州承接离岸执行额达 222.92 亿元,同比增长 1.68%。其中,信息技术外包(ITO)执行总额 77.66 亿元,同比增长 6.3%;商务流程外包(BPO)执行总额 61.32 亿元,同比下降 15.43%;知识流程外包(KPO)执行总额为 83.94 亿元,同比增长 6.74%。

表6-3 2015—2020年广州离岸服务外包执行额数据统计

（单位：亿元）

年份	离岸执行额
2015	240.85
2016	299.24
2017	344.00
2018	240.28
2019	219.23
2020	222.92

资料来源：广州市商务局。

表6-4 2017—2020年广州离岸服务外包执行额分类别数据统计

（单位：亿元）

年份	类别		
	信息技术外包（ITO）	商务流程外包（BPO）	知识流程外包（KPO）
2017	56.65	83.79	203.57
2018	64.95	61.31	118.90
2019	73.06	70.78	78.64
2020	77.66	61.32	83.94

资料来源：广州市商务局。

（四）数字数据服务贸易发展亮点纷呈

近年来，广州数字数据贸易发展态势良好，数字音乐、数字游戏、数字动漫等各领域亮点纷呈。以游戏企业为例，目前，广州拥有游戏企业2768家，涌现出网易、三七互娱及多益网络等多家游戏龙头企业。其中，网易游戏出口营收规模逐年上升，2019年，海外营收逼近50亿元；三七互娱是最先开拓海外市场的游戏公司之一，拥有近10年的海外发行经验，2020年，海外营收突破20亿元，达21.43亿元。

表6-5 广州代表性数字数据贸易企业发展情况

企业名称	出口业务情况介绍
荔枝	荔枝是中国UGC音频社区。2020年1月17日,UGC音频社区荔枝(原荔枝FM)在纳斯达克挂牌上市,正式成为"中国在线音频行业第一股"。荔枝通过音频社区、播客内容、声音社交建立起了一套全球化的音频生态系统,开拓了在线音频行业的想象空间。 2020年10月,荔枝出海产品Tiya登陆美国市场,并取得美国iOS社交应用榜前四位的亮眼表现。目前Tiya用户遍及全世界200多个国家地区,同时在超过70个国家社交应用榜排名达到过前十位。
网易	2001年,网易正式成立在线游戏事业部,一直处于网络游戏自主研发领域的前端,是中国领先的游戏开发公司,已跻身全球七大游戏公司之一。 2018年,《荒野行动》登陆日本市场,获得日本iphone&ipad双端销榜冠军,蝉联日本Youtube游戏收视第一,凭借日本市场出色成绩,网易游戏首次登顶中国APP发行商出海收入榜,海外占比首次超游戏净收入10%。 2019年,网易是唯一一家全年各月都稳定在日本地区公司收入榜的中国企业。4款产品入围流水前十名的移动游戏:《梦幻西游》排名第二,《阴阳师》排名第六位,《大话西游》《率土之滨》分列第七、第八位。据App Annie的公开数据显示,网易已成为出海日本游戏企业中当之无愧的第一。具体到单款游戏产品表现上,《荒野行动》堪称是网易日本之旅的拳头产品。此外,《第五人格》也于11月和12月多次跻身日本iOS畅销榜前三。据日本《Fami通手游白皮书》榜单显示,在日本市场全年营收前十位手游中,网易游戏的《荒野行动》是唯一上榜的国产游戏,全年营收424亿日元(约合人民币26.7亿元),排名第四位。前三位分别是《FGO》《怪物弹珠》《智龙迷城》。在财报会议上,网易官方透露,海外游戏收入占公司游戏营收比例将持续提升。粗略估算下,网易海外游戏营收逼近50亿元。继日本市场后,下一阶段网易把游戏出海目的地锁定在了欧美市场,将发力欧美市场。
三七互娱	三七互娱网络科技集团股份有限公司是互联网二十强企业,全球前20位上市游戏企业,位列中国第三。 2012年,三七互娱确定"出海战略",是国内较早出海游戏厂商之一。财报显示,2015年三七互娱出海业务取得里程碑突破,连续成功发行《暗黑黎明》《仙剑奇侠传》《拳皇97》等多款手游,实现境外总营收约3.56亿元。 2016年,三七互娱旗下自研并发行《永恒纪元》,开启国内手游业务加速模式,同时在中国港澳台地区以及东南亚国家均取得非常不错成绩。《永恒纪元》最高境外月流水突破7000万元,再加上《六龙御天》等手游,同年出海营收再斩佳绩,同比增长109.8%。 现阶段,三七互娱每年海外营收仍高达近10亿元。根据App Annie的统计,2019年上半年三七互娱在出海发行商收入榜上排名第12位。官方资料显示,37GAMES已经覆盖200多个国家和地区,全球发行手机游戏超过100款,游戏类型涉及ARPG、MMOPRG、卡牌RPG、SLG、STG、MOBA等,语言覆盖繁体中文、英语、日语、韩语、泰语等14种。2020年,持续推进全球化布局,加大拓展海外市场的力度。在亚洲市场保持优势地位同时,持续开拓欧美高潜力市场。

企业名称	出口业务情况介绍
多益网络	多益网络是一家中国老牌游戏厂商,自主研发并推出的端游/手游《神武》、手游《星剑传说》等产品,涵盖回合制 ARPG、战争策略、魔幻卡牌、策略塔防、休闲竞技等多个游戏分类领域,在客户端和移动端都具备全产品线的开发能力,且旗下产品表现出众。 弗若斯特沙利文数据显示,2017 年中国自主开发和发行的游戏网络市场规模为 252 亿元,占网络游戏市场规模的 18.6%。按照游戏公司自主开发和发行游戏收入计算,多益网络以年收入 19.34 亿元挤进中国第三名。多益网络基于营收增长性、持续性和品牌国际化的战略考量,决定扩大自研游戏在海外市场的发行规模,预计拟发行的产品有 2 款客户端网游及 1 款移动端网游产品。
奥飞娱乐	奥飞娱乐股份有限公司是中国目前最具实力和发展潜力的动漫文化产业集团公司之一。在海外(含港澳),奥飞娱乐开启以 IP 为核心,从内容创意、消费品研发、形象授权、发行网络、销售网络、分支机构等方面展开国际战略布局。奥飞娱乐旗下子公司广州奥飞动漫文化传播有限公司制作的 3D 动画《超级飞侠》(韩国动漫制作公司 FunnyFlux 原创),已在美国、法国等 70 个国家和地区播出。2016 年,营收 33.607 亿元,海外收入占 30.04%;2020 年,公司海外营业收入占比超 50%。
欢聚时代	欢聚时代是全球首个富集通信业务的运营商,中国最大的互联网语音平台提供商,是团队语音提供商。欢聚时代营收主要来源于 YY、虎牙(不再并表)、Bigo 三大产品。其中,Bigo 主要面向东南亚、中东、北美、欧洲、日韩澳新等市场,旗下主要产品是直播平台 Bigo Live、短视频平台 Likee,收入主要来自 Bigo live,Likee 还处于积累用户规模的阶段。截至 2020 年第二季度,欢聚时代的直播收入为 56 亿元,同比增长 40.1%,其中 Bigo 同比增长 158.8%,达 29.5 亿元,成为集团最大的收入来源。而且,Bigo 在公司直播收入(海外收入)占比首次过半,为 52.3%。截至 2020 年第二季度,欢聚集团全球移动端月活跃用户为 4.571 亿,其中海外用户占比达 91.0%。在海外产品中,Bigo live 移动端月活跃用户为 2940 万,同比增长 41.3%。Likee 移动端月活跃用户为 1.503 亿,同比增长 86.2%。Hago 移动端月活跃用户为 3170 万,同比增长 25.3%。 根据第三方数据分析公司 Sensor Tower 的数据,2020 年上半年,中国短视频/直播 APP 海外收入排名中,Bigo live 排名第一,Likee 排名第五。未来欢聚时代将坚持全球化的战略大方向不动摇,在全球拓展更多市场。
虎牙直播	虎牙直播是中国领先的游戏直播平台之一,覆盖超过 3300 款游戏,并已逐步涵盖娱乐、综艺、教育、户外、体育等多元化的弹幕式互动直播内容。2018 年 5 月,虎牙在美国纽交所上市,成为中国第一家上市的游戏直播公司。2018 年 6 月,虎牙直播率先与腾讯展开战略合作,进军东南亚市场;截至 2018 年年底,虎牙的海外月活用户数已达到 1000 万。虎牙方面表示,2019 年公司将加速出海,在海外市场建立起更明显的规模优势。

企业名称	出口业务情况介绍
尚品宅配	尚品宅配成立于2004年,是广州尚品宅配家居用品有限公司旗下品牌,是国内率先提出"全屋定制"概念的家居品牌。在2C领域,主营业务是全屋板式家具的个性化定制生产及销售、配套家居产品的销售;在2B领域,提供赋能传统家居企业的HOMKOO整装云平台。通过数字化、大数据的连接应用,尚品宅配从前端的智慧门店、到中端的智能设计、到后端的智能制造,实现了全流程服务的在线化和可视化。 2019年上半年,持续创新O2O营销模式,打造亿级短视频矩阵,实现视频粉丝突破1亿。在天猫渠道,尚品宅配品牌上半年线上成交3.85亿元,维意定制品牌上半年线上成交1.25亿元。全屋家具定制产业模式整体对海外合作客户输出,目前已成功输出到泰国、波兰、印度、印度尼西亚、新加坡等国家。同时利用自身较强的供应链管理能力,向海外合作客户输出定制家具生产所需的原材料、设备,并提供泛家居各类配套供应,实现营业收入810万元,属于刚刚起步阶段。

资料来源:各企业官方网站、企业年度财务报告及公开资料整理。

二、广州市政府高度重视数字贸易发展

作为新兴贸易形态,数字贸易发展离不开政策支持与引导,国家及国内主要城市纷纷出台数字贸易相关政策文件。党的十九大以来,我国数字贸易发展迅猛,习近平总书记对数字贸易多次作出重要指示,强调通过推动大数据、云计算、人工智能等新一代信息数字技术与实体经济深度互融,构建现代化贸易体系,促进实体经济增长。

作为国家中心城市和综合性门户城市,广州高度重视数字贸易发展,紧紧抓住数字贸易发展"黄金机遇期",积极推进数字贸易化与贸易数字化加速发展。广州陆续出台《广州市加快新业态发展三年行动方案》《广州人工智能与数字经济试验区建设总体方案》等多项促进数字贸易发展政策。2021年,广州正式颁布全国首个RCEP跨境电商专项政策《广州市把握RCEP机遇促进跨境电子商务创新发展的若干措施》,以进一步推动跨境电商发展,从而助力数字贸易快速发展。同时,各区精准发力,黄埔、南沙、天河等区依据各区特色产业和现实情况,出台大数据、人工智能、工业互联网及智能网联汽车等专项政策,持续培育特色产业。目前,广州涵盖信息技术基础设施、数字产业化、产业数字化等领域的产业链、创新链、人才链、资金链已基本建成,并制定了推动

数字贸易载体建设等较为完善的政策体系,对推动数字贸易发展发挥着重要作用。

第二节 广州数字贸易的发展基础

一、数字基础设施建设持续推进

数字基础设施包含 5G 基站与网络、云计算、人工智能、大数据中心、工业互联网、物联网等,是推进数字贸易新技术、新产业、新业态和新模式的重要发展基础,与数字贸易紧密相关。近年来,广州大力推进数字基础设施建设,持续加大创新研发投入,加速推进大数据与人工智能发展,全力推进大数据、云计算和物联网等新技术融合应用,基础设施建设水平持续稳步上升。据新华三数字经济研究院发布的《中国城市数字经济指数白皮书(2020)——制造篇》,2019 年广州数字及信息基础设施建设指数跃升至 87.4 分,位居全国城市第 5 位。

(一)5G 基站建设全面加速

广州高度重视以 5G 为引领的新一代数字基础设施建设,成立信息基础设施发展领导小组,陆续颁布《广州市加快 5G 发展三年行动计划(2019—2021 年)》《广州市进一步加快 5G 产业发展若干措施》《2020 年广州市进一步加快 5G 发展重点行动计划》等系列政策文件,全面部署 5G 发展,全面推进 5G 发展走在全国前列,提升 5G 产业协同创新和集聚发展能力,促进 5G 与社会治理、城市建设及各行各业互融。2020 年,广州 5G 用户新增约 540 万户,累计超 640 万户;建成 5G 基站累计 4.8 万座,5G 基站建设数量全省第一,全国领先。截至 2020 年第三季度,全市固定互联网宽带接入端口数达 1320.8 万个,FTTH/O 端口数达 1229.6 万个,光纤接入用户数达 555.9 万户,移动宽带用户数达 2767.1 万户,均位居全省第一。预计 2021 年,全市将建成 5G 基站 6.5 万座,主城区及重点区域 5G 网络实现连续覆盖,5G 网络领先全国;大力推进 5G 网络赋能,打造国家级应用示范项目 7 个。全市中心城区与区域已实现 5G 网络全覆盖。白云国际机场、广州南站及广州东站等重要交通枢纽,穗莞深城轨、广深铁路等重要交通线路,天河体育中心、北京路步行街、花城广场、琶洲会展中心等热点区域已完成 5G 网络部署。新一代信息技术价值创新园、黄埔粤港澳大湾区现代服务业创新区、天河软件价值创新园、琶洲粤港澳大湾区人工智能与数字经济创新试验区、白云湖数字科技城、科学城、广州中新知识城、生物岛等产业园区 5G 网络部署基本建设完成。

(二) 人工智能跑出加速度

作为新一轮科技革命和产业革新的制高点,人工智能成为广州数字贸易发展的主赛道。2018 年,广州抢抓战略机遇,提出打造"千亿级人工智能产业聚集",打造"领先的人工智能城市典范"。当前,广州人工智能产业综合实力位居全国第一梯队,聚焦智能关键器件、智能设备及智能软件等核心智能产业发展,攻关计算机视觉等方向核心技术,实现工业、商贸等应用领域深入发展。人工智能产业多分布于天河、南沙和黄埔区域内。南沙人工智能产业率先发力,新一代信息技术产业和人工智能迅猛发展。南沙国际人工智能研究院、AI 视觉图像创新研发中心、小马智行自动驾驶研究中心及自动驾驶体验中心、AI 产业高级研究院等一大批项目落地,逐渐形成人工智能产业高地。黄埔区人工智能产业驶入快车道,集聚广电运通、讯飞启明、广州数控、索答科技等人工智能企业近 300 家。预计 2022 年,广州将打造粤港澳大湾区人工智能产业集聚区、国家级人工智能创新发展试验区、人工智能创新应用先导区,推动形成智能经济和智能社会应用场景 50 个,打造以智能网联汽车、智能机器人、智能硬件等为核心重点产业集群 8 个,建设人工智能产业园 10 个,培育人工智能技术、产品制造、应用和服务领域全国领军企业超 50 家,人工智能产业规模超 1200 亿元。

(三) 大数据中心迎来新爆发

大数据是数字贸易发展的核心关键要素和重要驱动力。近年来,广州大数据技术与服务焕发新热点,涌现出有米科技、酷狗、汇量信息、万丈金数、蓝盾、广电运输等一批大数据技术优质企业。国家超算广州中心服务用户总数超 3000 家,并在生物医药材料、新能源、新材料等领域收获大批重大应用成果。大数据产业园与大数据平台建设提质。黄埔、番禺入选广东省大数据综合试验区培育对象;天河大数据产业园、独角兽牧场入选广东省第二批大数据创业创新孵化园项目；航天云网"工业大数据应用技术国家工程实验室"、中国电信沙溪云计算中心、中国移动（广州）数据中心、广州云谷南沙数据中心、亚太信息引擎等228个大型数据中心进展顺利，其中，广州超算中心位列全球用户数量最多、利用效率最高及应用范围最广的超算中心之一。大数据已然成为广州数字贸易的重要支撑。

表6-6　2020年广州73个数字新基建项目签约各区分布情况

区名	各区分布情况
黄埔区	坚持把新基建作为经济逆周期调节的重要抓手，积极谋划安排120个新基建项目，总投资超1000亿元。签约百度智能汽车等"1+16"数字新基建项目，覆盖大数据、人工智能、数字产业等各个领域，总投资566亿元。
南沙区	建设62个新型基础设施项目，总投资207亿元。其中，5G及网络应用类项目4个，创新基础设施类项目10个，数字基础设施类项目24个，智能交通类项目1个，智能制造类项目19个，城际高铁和城际轨道交通类项目4个。南沙区签约的数字新基建项目共18个，总投资额达386.37亿元，签约投资额占全市超五分之一。
白云区	高度重视基础设施建设工作，推进54个数字新基建项目建设，涵盖5G及网络应用、创新基础设施、数字基础设施等7大领域，项目总投资近2000亿元，年度计划投资112亿元。
海珠区	海珠区签约项目共15个，涉及总投资近350亿元，主要涉及云计算、5G建设、人工智能、工业互联网等方面。海珠区将紧紧抓住国家加快新型基础设施建设的契机，大力推动新型基础设施在海珠落户、发展。

资料来源：公开资料整理。

二、数字产业化快速发展

广州深入组织实施网络强市战略，印发《广州市加快推进数字新基建发展三年行动计划（2020—2022年）》《广州市加快软件和信息技术服务业发展若干措施》等系列重磅政策，不断夯实数字贸易根基。

（一）软件和信息技术服务业发展全国领先

广州是"中国软件名城"，先后被授予国家软件产业基地、国家836软件专业孵化器基地、国家软件出口创新基地等称号，软件和信息技术服务业保持快速增长。2019年，广州软件和信息技术服务业总营收规模实现4178.2亿元，同比增长18.8%，实现利润总额616.24亿元，在全市规模以上服务业中，其具有最强劲的拉动力。在国内主要城市中，广州软件和信息技术服务业收入规模位居第四,仅次于深圳、南京和杭州,但增速显著高于这三大城市,呈现出快速发展态势。其中,软件产品收入达 1019.34 亿元,位居第四;信息技术服务收入达 2979.02 亿元,位居第三;嵌入式系统软件收入 104.4 亿元,位居第九;信息安全收入达 75.43 亿元,位居第三。此外,广州信息和软件服务企业总数近 40 万家,占全市高新技术企业总数的 30%,拥有网易、酷狗、多益网络、UC、佳都、奥飞科技、汇量科技、虎牙直播等众多知名企业。2019 年,工信部发布的中国软件业务收入前百家企业名单中,广州海格通信、佳都集团等 6 家企业上榜,基本形成"双核(天河软件园、黄埔软件名城示范区)、两区(琶洲人工智能与数字经济试验区、白云湖数字科技城)、多点(越秀黄花岗科技园、南沙国际人工智能产业园、番禺思科智慧城、荔湾电子商务等)"的软件产业布局。

表 6-7　2019 年 1—11 月广州与国内主要城市软件和信息技术服务业营收对比

(单位:亿元)

城市	软件和信息技术服务收入	软件产品收入	信息技术服务收入	嵌入式系统软件收入	信息安全收入
深圳	6065.64	949.11	3749.70	1338.91	27.92
南京	4520.41	1401.50	2526.80	542.07	50.03
杭州	4453.98	1154.63	3082.88	211.62	4.84
广州	4178.20	1019.34	2979.02	104.40	75.43
成都	3034.96	1010.80	1834.34	104.43	85.40

资料来源:张跃国、许鹏主编:《广州数字经济发展报告(2020)》,社会科学文献出版社 2020 年版,第 16 页。

(二) 服务外包产业规模持续攀升

2015—2020 年以来,广州服务外包产业规模稳步上升,呈现出良好的发展态势,为离岸服务外包夯实发展基础。2017 年,广州服务外包产业规模首次突破 80 亿美元。同年,离岸服务外包规模也首次突破 50 亿美元大关。2020 年,广州服务外包产业规模达 96.53 亿美元,同比增长 8.53%,首次突破 90 亿美元,创下历史新高。其中,离岸服务外包规模为 32.32 亿美元,同比增长 1.70%;在岸服务外包规模为 64.21 亿美元,同比增长 13.67%。同时,广州商务流程外包(BPO)与知识流程外包(KPO)产业规模分别为 33.30 亿美元、

26.57 亿美元,同比分别增长 23.15% 和 7.00%,分别占全市服务外包产业规模比重的 34.50% 和 27.53%。

表 6-8 2015—2020 年广州服务外包全口径执行额数据统计表

（单位:亿美元）

年份	全口径执行额	其中:离岸执行额	在岸执行额
2015	56.94	38.67	18.27
2016	68.70	45.05	23.65
2017	80.35	50.95	29.40
2018	81.64	36.31	45.33
2019	88.27	31.78	56.49
2020	96.53	32.32	64.21

资料来源:广州市商务局。

表 6-9 2017—2020 年广州服务外包全口径执行额分类数据统计表

（单位:亿美元）

年份	全口径执行额		
	信息技术外包（ITO）	商务流程外包（BPO）	知识流程外包（KPO）
2017	22.51	21.83	36.01
2018	32.95	21.72	26.91
2019	37.93	27.04	24.83
2020	36.66	33.30	26.57

资料来源:广州市商务局。

（三）数字产业夯实数字数据贸易基础

新冠肺炎疫情影响深远,广州数字数据贸易发展快速,各细分领域规模日益扩大、活力四射,呈现中高端上扬发展态势。2019 年,广州数字数据贸易领域企业营收规模约为 1010.4 亿元,其中数字游戏营收总额约 679.06 亿元,占比 67.21%,是广州数字数据贸易领域企业营收的重要部分;网络直播营收总额约为 241.44 亿元,占比 23.90%,与数字游戏产业共同形成广州数字数据服务贸易企业营收"双足鼎立"的局面;此外,动漫、卫星定位及导航营收总额分别 15 亿元、23.68 亿元和 51.22 亿元。

表 6-10　广州数字数据贸易代表性企业营业收入　　（单位:亿元）

企业名称		主要年份营业收入				
		2016 年	2017 年	2018 年	2019 年	2020 年
数字音乐	酷狗音乐	—	—	—	—	—
	荔枝	—	4.50	7.99	11.81	15.00
数字游戏	网易	278.86	362.47	403.20	464.20	546.10
	多益网络	15.52	19.34	23.87	—	—
	三七互娱	16.39	32.84	55.82	119.89	132.96
动漫影视	奥飞娱乐	33.61	36.42	28.40	27.27	23.68
网络直播	欢聚时代	82.04	115.95	157.00	255.76	132.30
	虎牙直播	7.97	21.85	46.63	83.75	109.14
卫星定位及导航	海格通信	41.19	34.07	40.70	46.07	51.22

注:"—"表示数据缺失。
资料来源:根据各企业年度财务报告及公开资料整理。

数字音乐成为国内龙头,诞生全国第一个网络音乐 PC 客户端——酷狗音乐。2018 年,酷狗音乐营业收入实现近 100 亿元;专利申请量达 1100 项,覆盖音频识别、提取、控速等技术领域;正版曲库达 1700 万首。据 Quest Mobile 数据显示,2018 年 7 月,酷狗位列在线音乐产业月活跃用户数量规模首位,用户突破 3.5 亿。同时,广州坐拥荔枝、天翼爱音乐等多个国内知名数字音乐企业。广州游戏行业默默深耕、遥遥领先。2020 年,广州游戏业营业收入首次突破千亿,达 1066.44 亿元,同比增长 22.89%,产业增速领跑全国,发展态势良好。广州游戏企业计 2768 家,游戏上市公司达 14 家,涌现网易、多益网络、三七互娱等一批优秀国内游戏领军企业。广州电竞行业发展迅速。2020 年趣丸网络公司组建"广州 TTG"战队,顺利晋级王者荣耀世界冠军杯八强和王者荣耀 2020 春季赛四强。广州动漫业居于全国关键地位,总产值逾百亿,占全国产值比重约 1/5。原创漫画发行份额占全国漫画市场 30%以上,拥有《猪猪侠》《喜羊羊与灰太狼》等知名品牌,涌现奥飞娱乐、漫友文化等一批国家核心动漫企业。广州网络直播位居全国第一梯队,诞生包括欢聚时代（YY）、虎牙直播等垂直领域领跑选手。2018 年欢聚时代营业收入 157 亿元,成为国内网络直播领军企业。虎牙直播以游戏直播为主，是中国弹幕式直播互动领先平台，是国内第一家游戏直播上市企业。广州卫星导航企业数量占全国比重约 1/5，海格通信、泰斗微电子、中海达、广州润芯及南方测绘等一批国内卫星导航通信领域保持技术领先的高科技企业，聚合形成北斗产业"广州军团"。其中，海格通信已发展为国家重点领域最大北斗导航设备提供商，2020 年海格通信新获无线通信、北斗导航经营合同 2.83 亿元。泰斗微电子以 TD1030 芯片为基础，一路高歌，成为国内北斗/GNSS 芯片龙头企业。目前，每月超 2500 万枚芯片走下泰斗微电子生产线，36.9% 的国产北斗芯片均产自泰斗微电子生产线。此外，泰斗微电子某些关键技术指标已足够对标国外主流供应商且具备价格优势。广州云计算加速发展，涌现云宏科技、品高软件、蓝盾信息等一批在云计算、安全领域的优秀企业。在社交媒体平台方面，广州华多网络科技是全球领先的社交媒体平台。2019 年，华多全年总营收达 255.762 亿元，同比增长 62.2%；全球移动端月活跃用户 4.85 亿，同比增长 436.72%，海外用户占比约 78.8%。其中短视频平台 Likee 月活跃用户 1.153 亿，同比增长 208.3%，实现高速增长；社交媒体平台 HAGO 用户群组功能的平均日渗透率环比提高 22%，保持了健康快速的增长轨迹。

（四）电子产品制造业夯实广州数字贸易发展

电子产品是数据资源的基本载体，是各类软件技术、信息技术的传播介质。电子产品制造业是广州三大支柱产业之一。自 2008 年广州入选国家首批信息产业高技术产业基地以来，信息与通信技术不断创新升级，广州电子产品制造业加速升级迭代，呈现诸多新动能、新示范，为广州数字贸易发展奠定了良好基础。当前，广州已形成以千亿级新型显示产业为引领，以新型显示、超高清视频、新一代移动通信、集成电路、金融电子等产业为多级支撑的业态格局。2019 年，全市规模以上电子产品制造业企业各月份产值保持平稳增长态势，除去 2 月份和 4 月份产值不足 200 亿元外，其他月份平均产值均超 230 亿元，全市累计产值达 2643.07 亿元，同比增长 5.2%。

三、产业数字化壮大优势

广州充分挖掘产业数字发展潜力，印发《广州市深化"互联网+先进制造业"发展工业互联网的行动计划》等系列政策文件,推动传统产业加快网络化、数字化、智能化转型进程。

（一）农业数字化全面启动

广州现代农业产业模式已基本实现产业化、规模化、精准化、数字化,助推农业有效同步实现扩量、提质及增效。2019 年,广州农业数字化开启,主要表现为:初步建成农业信息平台,启动粤港澳大湾区"菜篮子"工程建设。信息平台包括四大子系统:电子商务子系统服务功能——订单采购配送结算"一站式"服务;仓储物流子系统功能——收货分拣装载配送可实时追踪;安全溯源子系统功能——轻松扫描二维码追踪农产品"身份证";进出口管理功能——对接海关,高效实现检验检疫通关。目前,132 个地级以上城市已加入合作共建列,初步建立起全产业链条的生产体系、质量安全监管体系和流通体系。此外,平台配套特色农产品地图、农产品价格查询、农博士专家问诊等特色服务,旨在打造"卖全球、买全球"的全球"智慧菜篮子平台"。加快建设5G 智慧农业试验区。近年来,增城区整合各类涉农信息化系统,搭建起数字农业大数据云平台,实现农业生产经营管理数据化、智能化、全程化、精准化,加快打造蔬果、水稻产业病虫害全纬度监测预警体系试点,持续提高增城智慧农业发展水平;大力开展数字农业农村基础设施建设,畅通农产品销售渠道;大力扶持农业电商发展,培育"广采网增城分站""顺丰优选增城馆"等农业电商企业 25 家,认定省级农业电子商务示范企业 1 家,确定省级名特优新农产品电商体验馆、市级农业物联网生产示范基地及农业电子商务示范企业各 2 个,发展 500 万元以上规模农业电商企业 10 家。此外,增城累计建成区级物流中心 10 家、镇级物流服务站 58 个及村级物流服务点 496 个,实现农村物流服务全覆盖。

（二）工业数字化广泛应用

广州工业数字化应用广泛,主要表现在:与工业互联网深度融合,工业企业积极采用工业互联网技术,形成资源集聚和类型多种的工业互联网,建立起工业互联网创新发展体系。2014 年广州举大力引导工业企业引进工业机器人和智能装备,推动企业加快数字化、网络化、智能化转型步伐。2020 年,广州 80%以上工业企业完成技术改造。服务型制造新业态发展加快。2018 年,广州获评全国首批 6 个创建服务型制造示范城市之一,赢得"家具定制看广州"的行业口碑,树立家具定制和汽车定制的全国标杆。众多企业电商化步伐加快,全市实物商品网上零售额 1370.95 亿元,同比增长 31.8%。首个国家设计仿真工业软件适配验证中心以及通用软硬件适配测试中心落户广州。

(三) 服务业数字化形式丰富

伴随大数据、云计算、人工智能、区块链等新一代数字技术与各行业深度融合,广州服务业新业态持续涌现,新兴服务业呈蓬勃发展之势:金融科技创新发展迅速,银行业等金融机构在运营、服务和管理中不断利用数字技术实现服务智能化和监管信息化,智能柜台已广泛应用于实践,远程视频柜员机和机器人已得到推广;资本市场类金融机构实现自动化线上理财、开发多样化信息产品。餐饮业和住宿业数字化成效显著,2019 年广州基本实现酒店"网络化运营",迎来无人酒店和机器人酒店以及面向客户的个性化运营;餐饮业电子支付消费发展迅疾,2019 年广州线下餐饮消费和外卖消费已覆盖从电子营销、点餐到刷脸支付再到发票传输的整个流程,成为微信"附近餐厅"首个测试城市。批发和零售业数字化转型稳步进行中,专业批发市场已实现"云批发",开通直播销售;商业与"互联网+"融合,广州成为华南地区最大"码商之城"。会展业数字化形式丰富,已实现网络营销和推广、现场管理和服务数字化以及互联网网上展览,2020 年中国进出口商品交易会"云"上办展取得成功。

第三节　广州数字贸易发展的机遇和挑战

一、广州数字贸易发展机遇

(一) 广州信息化基础设施建设日趋完善

作为国家首批信息产业高技术产业基地,广州政府高度重视信息技术发展,突出抓好光纤网络、4G 信号覆盖工程、公共区域无线局域网建设,全面推进光网城市建设,加快升级宽带无线网络,积极打造珠三角世界级宽带城市群和全国信息化先导区。2018 年广州宽带建设发展水平在广东省综合排名从第 21 位上升至第 11 位,光纤接入用户占比达 91.6%,同比提高 24.3%。全市互联网国际出口宽带超 2000G,占全国比重 58%,是我国大陆最大互联网出口城市。2010 年,广州互联网网民规模达 1150 万人,较 2019 年度增长 100 万人,网民普及率达到 82.1%;宽带基础服务覆盖率继续扩大,宽带普及率达 99.5%。同时,伴随着移动通信技术快速发展,移动互联网用户使用持续深化,网民使用移动智能设备上网比重达到 99.1%。在移动互联网发展驱动下,我国消费市场持续释放动能,尤其是跨境电商等新兴商业模式更是取得了长足发展,为数字贸易发展夯实了基础。

（二）产业基础成为数字贸易发展坚实后盾

数字贸易需依托实体经济发展才可能抓住发展机遇。当前,广州转换经济增长动力正处于攻坚阶段,无论是产业发展政策还是金融改革策略都有利于传统制造业发展与转型升级。尤其是诸如先进制造、人工智能等高端产业快速发展,均有利于传统产业数字化转型发展,作为数字贸易发展的坚实后盾。同时,伴随着国际社会环境的深刻变化,尤其是多边贸易面临不确定性状况下,设立南沙自贸区为广州数字贸易发展提供更多选择与借鉴,对推动其发展具有深远意义。

二、广州数字贸易发展挑战

（一）数字贸易政策环境尚待优化,缺乏系统性数字贸易顶层设计

作为发展中的贸易新形态,数字贸易快速健康发展离不开国家和地区的政策支持,各地区纷纷出台相关政策强化对数字贸易加速发展的支撑作用。例如,上海出台我国首个数字贸易领域纲领性文件——《上海市数字贸易发展行动方案（2019—2021 年）》,率先提出打造上海"数字贸易国际枢纽港"。同时,上海根据自身产业基础特点,出台涉及大数据、人工智能等细分领域专项政策与行动方案,促进数字贸易发展与应用,已构建起较完备数字政策体系。从顶层设计上,杭州高度重视数字贸易发展。2003 年浙江省发布《数字浙江建设规划纲要（2003—2007 年）》,旨在全面推进全省国民经济和社会信息化建设。2017 年,浙江省经济工作会议强调,将数字经济视为"一号工程"紧抓。随后,陆续出台《浙江省数字经济系统建设方案》《浙江省数字经济促

进条例》《浙江省数字经济五年倍增计划》等战略政策文件。浙江省各市、区县一级均确立数字贸易牵头部门,建立相关工作机制,出台一系列数字贸易专项规划与行动方案。2018年,浙江围绕企业上云、智能制造、工业互联网等重点领域,出台《浙江省深化推进"企业上云"三年行动计划(2018—2020年)》《浙江省智能制造行动计划(2018—2020年)》《工业互联网战略》,成立浙江5G产业联盟,在全国范围内率先建立"1+N"工业互联网平台体系和产业联盟。广州当前数字政策仍以条线为主实施开展,全市层面尚未形成系统性数字贸易顶层设计,导致全市数字贸易发展各自为政,资源欠缺有效整合利用,缺少整体扶持政策体系,需进一步优化完善。

(二)数字基础设施建设尚待加强,信息基础设施提质升级压力大

当前及未来长时间内,数字基础设施建设将逐渐成为经济新增长点及经济发展新支撑点,国内外主要城市正以前所未有的大力度推进数字基础设施建设工程。例如,作为中国首位数字化基建城市,杭州已完成建设5G基站7000余个,整体覆盖面积达1400平方公里,且平均下载速率达890Mbps。杭州联通通过5G、物联网、大数据、云计算等技术,开展广泛的场景化应用。如2019年上半年,杭州联通就开启与银泰战略合作,开始探索5G时代下新零售创新应用;杭州联通与珀莱雅化妆品股份有限公司工厂启动5G智能制造MES项目,建成后为生产及经营管理决策提供可靠的数据基础及历史数据追溯。近年来,广州高度重视数字基础设施建设,但新型基础设施建设涉及的用电成本和租金成本及场所开放等问题还未实现同步解决,且新型数字技术设施核心技术研发、场景试验与应用方面还有待提升。特别是工业互联网、医疗、教育、政务服务等重点领域5G融合应用仍有潜力待挖掘。此外,广州基本公共服务水平地区差异较大、城中村治理难度较大及智慧城市建设不均衡,这对信息基础设施建设及信息化应用总体推进产生一定阻碍作用。

(三)产业数字化转型升级仍有壁垒,数字技术融合应用驱动不足

数字化是引领服务贸易蓬勃发展的强劲动力,国内各主要城市加快推进数字化转型进程并取得良好成果。例如,在全国范围内,北京服务业数字转型整体实力强劲有力且企业数字化水平普遍较高,培育出众多行业领军企业,独角兽企业快速崛起。北京主动探索智慧社区、智慧零售、智慧交通、智慧物流

等智慧城市应用场景,利用新一代数字技术在数字贸易领域开展应用试点示范,打造服务行业数字化转型国内高地。2019 年,北京企业电子商务交易活动占比达 22.2%,每万元 GDP 企业电子商务采购及销售规模均超 1 万元,均位列全国第一。杭州产业数字化与城市数字化基本形成"杭州特色",打造建设为产业数字化示范区。传统产业通过数字化改造来提高竞争力、生产效能。以"机器人+""互联网+""大数据+"赋能传统产业。目前浙江全省规上工业劳动生产率,经数字贸易赋能,从 2013 年人均 16.78 万元提高至 2018 年的人均 22.5 万元。深圳服务业数字化转型迅速,相继涌现出物联网、金融云服务平台等新业态,迅速推广出智能分拣设施、电子钱包等新产品,行业外延大幅拓宽,培育出华为、腾讯及中兴等互联网及电子信息制造行业巨头。相比而言,广州仍面临产业数字化转型升级与数字技术融合驱动应用能力不足的难题,外部服务体系也尚处在探索阶段致使针对如何改造仍未形成行业标准或规范。广州多数企业数字转型意识还未形成,极少主动寻求数字化转型升级。此外,广州数字技术融合应用主要侧重于生活性服务业领域,且多集中应用于零售、餐饮及批发等传统服务业领域,而生产性服务业数字技术应用相对较少;广州公共服务领域数字技术融合能力,如医疗、教育、城管等方面处在起步阶段,已有部分应用案例;但在制造业领域,限于流程设计、车间再造、工艺技术创新及工业网络等环节技术和应用模式,较少实现全部数字化生产,半自动化、自动化、人机互动尚在兴起阶段,数字化应用面临诸多障碍。

(四)数字创新要素集聚尚待提高,缺乏较强的研发资源和人力资源

作为一种资本、技术密集型的贸易形态,数字贸易发展离不开人力资本与研发创新投入等关键核心要素,丰裕的人力资本及研发资源为数字贸易发展提供必需的智力、技术支持。北京是全国创新要素资源最为集聚的区域。2019 年,北京 R&D 研发投入强度达 6.31,位列全国第一。同时,北京陆续出台支持高精尖产业发展人才政策,出台促进科技创新成果转化条例,科研人才渴盼的科技成果权属改革等取得制度性新突破。此外,上海也拥有丰裕的创新要素资源。2019 年,上海 R&D 研发投入强度达 4.0。近年来,上海以实施国家重大战略任务为驱动,加快长三角科创共同体构建,加强长三角科创资源

整合利用，全面激活创新要素资源。广州虽在传统贸易领先多年，但尚未形成对数字贸易人才磁吸效应，人才供需矛盾突出。据相关研究显示，仅北京、上海两地数字化人才占全国比重接近 1/3，而广州数字贸易从业人才占比却不足 12%。此外，2019 年广州 R&D 研发投入强度仅有 2.8。因此，广州数字贸易发展急需一批既熟练掌握产业业务流程，又熟练掌握人工智能、云计算等技术实践的数字贸易专业人才。

第四节 广州数字贸易发展策略

一、强化数字贸易顶层设计

第一，制定出台广州数字贸易发展规划与数字贸易发展战略相关政策文件，将数字贸易提升到全市战略高度，进一步明确广州数字贸易发展方向、重点领域与未来目标，积极打造数字贸易示范城市。第二，推动组织变革，建立适应数字贸易发展工作领导组。工作组主要负责研判数字贸易发展趋势，制定适应广州数字贸易发展政策，并搭建满足广州数字贸易利益诉求的规则体系。第三，推动数字贸易发展行动方案制定。借鉴《上海市数字贸易发展行动方案（2019—2021 年）》，结合广州数字贸易发展优势特点，加快制定数字贸易发展行动方案，重点推动跨境电商和服务贸易发展，并加强与大湾区、长三角区域各城市数字贸易发展协作。

二、加强数字基础设施建设

第一，加快新型数字基础设施建设。积极部署云计算、大数据、5G 信息网络及数字软件等基础设施研发工作。推动以 5G 为重点的网络宽带升级换代，启动 IPv6 网络建设项目，以满足智能制造、工业互联网及智慧城市等数字设施建设需求；全面加快网络和平台优化升级，布局大数据云平台、超大容量光传输系统等基础设施；加快数字软件研发与创新，创新颠覆性技术、突出关键共性技术、引领前沿技术，促进数字设施网络化融合。第二，加快市政设施智能化。充分发挥新一代信息技术引领作用，充分考虑将信息技术最大限度应用于城市基础设施建设,优先推广将物联网感知设施应用于城市基础设施,全面实现基础设施数字化和联网化。

三、加快推进产业数字转型

广州工业互联网加速发展,成为全国工业互联网发展高地。因此,广州应依托工业互联网,推进产业数字化转型。第一,聚焦战略性产业,强化龙头企业技术优势。聚焦深度技术、长产业链的战略产业,紧随5G、工业互联网、人工智能等新一轮数字技术变革趋向,加大创新资源投入,加强关键技术攻关与核心产品研发。引导重点行业(包含电子信息、家电、汽车、家具等)深入推进工业互联网创新发展,建立工业互联网平台,发挥平台网络经济优势,强化细分行业龙头企业技术优势,推动产业实现数字化转型发展。第二,加强系统性布局,组织制定制造业数字化转型行动方案及其应用发展关键亟须标准,积极打造行业联盟云平台,精心培育"上云"示范标杆企业,全方位深化研发、生产、服务、经营及管理等环节数字应用,培植数据驱动型企业,激励企业持续提高数字化能力;推进工业互联网平台、工业大数据中心等数字基础设施项目建设落地,加强产业数据集成共享。

四、加快数字优质要素集聚

第一,整合数字科技创新资源,提升数字技术自主创新能力。依托粤港澳大湾区、珠三角国家自主创新示范区、广深港澳科技创新走廊等重大平台,建设数字科技创新平台,争取在广州布局新一代信息网络、半导体芯片、人工智能、智能制造等领域的国家重点实验室及重大科技基础设施,开展核心技术攻关,力争关键核心数字技术自主可控,抢占数字科技创新制高点;完善"政产学研用"组合数字科技创新机制,鼓励企业与高校、科研机构创建数字技术战略联盟,构建协同创新共同体;加大数字贸易领域知识产权保护力度,积极打造"产学研+知识产权"的数字技术专利育成中心。第二,加快引进和培育复合型数字贸易人才。通过地方产业优势和创新环境吸引人才,为人才营造良好的社会氛围,以人才集聚厚植广州数字贸易发展竞争优势;创新数字贸易人才培养模式,强化数字贸易人才教育和数字技能培训,建立起以行业需求为导向的数字贸易人才培养机制，深化改革高等院校、职业技校传统人才培养模式，实现数字贸易人才教育链与产业链相连接，弥补教育体系数字化关键应用型技能人才培养与企业实际用人需求间的差距；鼓励广州龙头企业创立科研工作站和创新实践基地，推动校企合作共建实习实训基地，培养一线的数字贸易应用技术型人才。

（本章执笔人：陈和　卢慧飞　蔡鸿轩）

第七章　深圳数字贸易:现状、问题与策略研究

当今世界在5G网络运用、计算机人工智能、大数据、物联网、云计算、区块链等数字技术的推动下,数字经济蓬勃发展。根据《数字中国建设发展进程报告(2019年)》,2019年中国数字经济对经济增长的贡献率已达到67.7%①,数字经济已成为驱动中国经济增长的关键力量。

数字贸易,作为数字经济的重要组成部分,是数字经济国际化的最主要体现。在当前全球贸易变革和贸易数字化的背景下,人类社会已逐步迈入以数字贸易为核心的互联网全球化变革浪潮,对产品的供应链、产业链、价值链发生巨大的影响,国家间的经济分工与贸易利益面临重新分配,新的国际规则与挑战也随之到来。面对该形势的变化,2019年11月,中共中央、国务院下发了《关于推进贸易高质量发展的指导意见》的文件,提出要加快数字贸易的发展,提升贸易数字化水平。因此,深入研究数字贸易的影响与发展趋势,对我国的经济发展,国家竞争力的提升有重大意义。深圳,作为经济中心城市,有着雄厚的科技产业基础,较大的政策支持力度,丰富的人才、资本等要素资源,其数字贸易发展势头强劲。以深圳市为对象研究数字贸易的发展,对全国其他城市有很大的借鉴学习作用。

---

① 国家互联网信息办公室:《数字中国建设发展进程报告(2019年)》,2020年。

第一节　深圳数字贸易发展现状

一、数字贸易总体规模不断扩大，在全国有较大的影响力

数字贸易是指运用互联网技术和基于互联网技术开展的货物、服务和数字数据等交易、资金结算和产品服务送达的商业活动。具体包括两个方面，运用互联网技术进行的货物贸易和服务贸易与基于互联网技术开展的服务外包和数字数据服务贸易。

2019 年，深圳数字贸易总规模约为 8528.91 亿元①，数字服务贸易占比较大。按照《中国商务年鉴·2020》数据的统计：其中，数字服务贸易（跨境交付服务贸易）金额为 8341.01 亿元②，数字货物贸易（跨境电商）金额为 187.90 亿元③（见表 7-1）。

表 7-1　2019 年深圳数字贸易数据统计　　　　　　　（单位：亿元）

细分领域	2019 年
数字服务贸易	8341.01
数字货物贸易	187.90
总规模	8528.91

资料来源：《中国商务年鉴·2020》。

二、跨境电商发展较大，数字化水平不断提高

深圳货物贸易的数字化已有一定发展水平，从货物贸易数字化程度来看，2019 年，根据深圳商务局统计信息，深圳跨境电商交易额实现 5.1% 的增长，达 4197.0 亿元。④ 而通过海关跨境电商管理平台统计，深圳企业进出口

① 数据来源于《中国商务年鉴·2020》。
② 数据来源于《中国商务年鉴·2020》。
③ 数据来源于《中国商务年鉴·2020》。
④ 数据来源于深圳商务局网站，见 http://commerce.sz.gov.cn/gkmlpt/index。

187.9 亿元①,拉动全市外贸增长 0.4 个百分点,占全市外贸比重较 2018 年提升 0.4 个百分点。跨境电商交易额的增长,标志着深圳的货物贸易数字化水平不断提高。深圳已经成为跨境电商行业国内发展最为迅速的城市之一,在全国有较强的影响力。目前深圳主要的跨境电商公司如表 7-2 所示。

表 7-2 深圳主要的跨境电商公司

序号	公司名称	经营范围
1	DX.COM	DX.COM 控股(08086),香港上市企业,主要从事 Business to Consumer 业务(以下简称"B2C 业务")。DX.COM 涉及电脑、手机、数码产品、玩具、家居园艺、服饰、汽车配件等 15 大类几十万种产品。
2	环球易购	深圳市环球易购电子商务有限公司,是一家主要经营休闲服装、电子产品、婚纱礼服、手表、玩具等品类的跨境电商企业,在全球一体化的时代,背靠深圳极其集中的电子市场的优势位置,积极开发海外市场。环球易购在海外拥有较好的销售网络,得到了美国、欧洲等多个国家和地区客户的认可。
3	浩方集团	致力于中国企业品牌化、互联网化和全球化的战略转型。被业界誉为"中国企业品牌出海的孵化器和加速器"。旗下的浩方创投为初创优秀企业、项目提供产业创投支持,助力创新项目的孵化以及在全球范围内的快速成长,最大化地实现中国创新的价值。
4	傲基国际	傲基国际 2005 年在德国汉堡注册创立,是以外贸 B2C 电子商务运营为核心业务的跨国电子商务公司。深圳市傲基电子商务股份有限公司为傲基国际在全球业务总部。
5	有棵树	深圳有棵树创立于 2010 年,目前已挂牌新三板。集团定位于互联网+跨境贸易,公司全球雇员超 1800 人,在深圳、杭州、东莞、英国、美国、波兰等地均设有办公机构,全球仓库面积超过 160000 平方米,业务辐射全球 200 多个国家和地区,公司跨境电商出口业务主要依托 eBay、亚马逊、Wish、速卖通等第三方国际运营平台上 300 多家成熟店铺,通过整合上游供应链、优化渠道、压缩物流、控制单价等方式,将高性价比的中国产品销往北美、欧洲、东南亚等 200 多个国家和地区,年销售额超过 15 亿元。
6	赛维电商	深圳市赛维网络科技有限公司,是一家从事电子商务快捷支付技术支持业务、电子商务平台 B2C 零售及 B2B 分销的高新技术企业。公司以外贸 B2B/B2C 电子商务运营为核心业务,专注网络营销、对外技术支持、货物出口、技术出口、品牌建设和供应链管理。公司业务范围覆盖全球,重点耕耘欧洲、北美、南美等国际市场。平台经营产品涵盖服装、电子及家居用品和日用百货等数十种品类,包含数十万产品,以及国外电商平台的技术支持和海外仓运营、供应链管理、全球面料采购平台运营管理支持。

① 数据来源于深圳海关网站,见 http://shenzhen.customs.gov.cn。

序号	公司名称	经营范围
7	百事泰	广东百事泰电子商务股份有限公司是国内首家国际 F2C 跨境电商连锁企业,主要从事电源类、家电类产品的研发、生产及跨境电子商务,另外有部分产品贴牌外购。2010 年开始着手布局"全球化"的销售网络,先后设立了美国、英国、日本等海外子公司,并以此为依托销售覆盖十余个发达国家。2011 年,公司由传统外贸转型为全网营销,通过多平台增加全球销售渠道,增大原有主要市场的渗透率,有选择的切入新市场,扩大在线零售渠道,迅速发展成为 Amazon 优质卖家;同时,全网营销也促进了品牌建设,百事泰旗下的自有品牌"BESTEK",已成为北美、欧洲、亚洲等多个国家和地区最受欢迎的汽车电子、电源类及数码周边配件知名品牌;市场占有率与业务覆盖规模高速增长,多款产品在 Amazon、eBay 等线上市场稳居品类品牌及销量第一。
8	三态股份	三态股份是国内首批登陆新三板的股票,拥有自营物流体系的跨境电商行业综合服务商。公司总部位于中国科技创新的窗口深圳南山科技园。三态业务包括跨境电商和跨境物流两个方向,跨境物流从 2007 年起至今已覆盖中国深圳、广州、上海、杭州、义乌、香港、德国和美国,业务涉及跨境专线、快递和全球仓储配货业务。稳定快捷是我们的服务基础,专业的物流和仓储操作系统获得中国国家专利。三态股份并购和投资的电商公司在全球 80 多个国家的电子商务平台和多个自营网站上销售超过 10 万种商品。
9	蓝思网络	蓝思网络技术有限公司,成立于 2007 年,总部位于广东省深圳市,同时在广东省东莞市与安徽省合肥市成立分公司,并在美国设有海外仓库,总面积约 4 万余平方米,员工总数约 700 人。蓝思网络专注于时尚快销品类,通过 eBay、亚马逊、速卖通、Wish、joom、Walmart 与 Shopee 等第三方 B2C 平台将产品销售到全世界。蓝思网络经营时尚首饰、时尚手表、男女时尚配件、新奇特电子产品、计算机周边配件、手机与平板电脑配件、家居、健康/美容、汽车配件、摄影器材、影音视频、激光/LED、服饰、玩具、户外等数十个品类,数万种商品。
10	安克创新	安克创新,创业板上市企业,国内营收规模最大的全球化消费电子品牌企业之一,专注于智能配件和智能硬件的设计、研发和销售。企业业务从线上起步,主要销售渠道为 Amazon、eBay、天猫、京东等海内外线上平台,在亚马逊等境外大型电商平台上占据领先的行业市场份额,拥有很高的知名度和美誉度;同时在北美、欧洲、日本和中东等发达国家和地区,通过与沃尔玛、百思买以及贸易商合作,线下收入增长快速。作为全球消费电子行业知名品牌商。目前,安克创新产品主要包括充电类、无线音频类、智能创新类三大系列,产品种类与产品应用功能日益丰富。公司业务已遍布全球 100 多个国家,拥有近 8000 万用户。

三、数字服务贸易增长迅速,发展空间巨大

从服务贸易数字化的角度来看,深圳仍有一定提升空间。传统服务贸易当中,旅行服务与互联网结合紧密,旅行服务跨境交付占比高,但深圳的旅行服务企业总部相对较少,携程、同程、去哪儿、飞猪等旅行服务企业总部均不在深圳。运输服务与互联网结合相对紧密,以深圳为总部的顺丰国际业务发展态势良好,但运输服务的跨境净值占比仍可提高。建筑服务与互联网结合仍相对较弱,出口建筑服务多数需要到当地交付。

现代服务贸易当中,电信、计算机和信息服务与文化娱乐属于数字数据服务,可以通过互联网跨境交付,较为典型的企业有华为、腾讯等。知识产权和技术服务贸易可通过互联网进行跨境交付,但目前技术服务贸易金额为170.2亿元[1],仍有较大增长空间。其余的服务贸易,如金融保险、管理咨询、工程研发和其他商业服务等服务贸易也可以结合信息技术,有更进一步的数字化发展。

从服务贸易的金额来看,2019年进出口金额为8341.01亿元,较2018年增长3.44%(见表7-3)。相比2018年,金融服务进出口金额下降了55.12%,仅为23.10亿元,文化和娱乐服务则表现较好,上升了34.19%,进出口金额为18.21亿元。[2] 旅行服务、建筑服务、运输服务三大传统行业占深圳市服务贸易主导地位。可见,对产业价值相对较高的服务进出口占比需要进一步提升。据中国国际经济交流中心梅冠群分析,传统服务出口占比会影响服务跨境交付占比。而伴随深圳现代服务贸易占比的提高,深圳服务贸易数字化程度将有所提升。

表7-3 2019年深圳市数字服务贸易数据统计

服务贸易类别	服务贸易子类别	金额(亿元)	增长率(%)
传统服务贸易	旅行服务	3967.96	0.53
	运输服务	1073.63	4.61
	建筑服务	942.13	-0.84

---

① 数据来源于《中国商务年鉴·2020》。
② 数据来源于《中国商务年鉴·2020》。

续表

服务贸易类别	服务贸易子类别	金额(亿元)	增长率(%)
现代服务贸易	电信、计算机和信息服务	750.64	34.48
	知识产权使用费	687.99	−1.18
	其他	321.84	10.27
	专业和管理咨询服务	296.56	9.39
	技术服务	170.21	−0.04
	保险服务	88.74	1.70
	金融服务	23.10	−55.12
	文化和娱乐服务	18.21	34.19
总规模		8341.01	3.44

资料来源:《中国商务年鉴·2020》。

四、服务外包和数字数据服务贸易发展势头迅猛

深圳的数字数据贸易化有深厚的产业基础,华为、中兴、腾讯、大疆、迅雷等众多技术相关的大型企业总部集聚于深圳。对数字数据贸易化,华为、腾讯有相对丰富的服务输出。数字工具上,深圳相对领先,电信、计算机和信息服务进出口金额较高,软件出口稳居全国第一。数字内容上,有腾讯等多家游戏厂商出海,2020年腾讯的海外游戏收入同比增长43%至人民币98亿元[①]。在线服务、数据服务、云计算机服务、社交媒体和搜索引擎服务的表现相对弱势,各类企业发展分散,有较大的提升空间(见表7-4)。

表7-4 2019年深圳市数字数据贸易化情况分析

数字数据贸易化内容	代表企业	贸易情况
数字工具服务(包括电信、计算机和信息服务、软件、APP等)	华为、腾讯、联想、中兴、vivo、平安等	电信、计算机和信息服务占比较高,进出口金额为750.64亿元。软件出口1367.52亿元。软件收入规模位居全国15个计划单列市和副省级城市之首,软件出口连续19年稳居全国第一。

---

① 数据来源于《腾讯2020年年报》。

数字数据贸易化内容	代表企业	贸易情况
数字内容服务（包括数字音乐、数字影视、数字动漫、数字游戏、电子出版等）	腾讯、华为等	以腾讯为主,大中小数字内容服务提供商为辅,出口海外。根据 App Annie 的数据,腾讯海外版游戏《PUBG Mobile》连续两年成为海外市场上最受欢迎的手机游戏(按月活跃账户数计算)。《PUBG Mobile》全球总决赛已成为手机游戏中观看人数最多的电竞赛事。华为海外游戏则通过游戏平台形式,覆盖全球170 多个国家和地区,年游戏分发量高达 100亿,成功助力众多伙伴出海。
在线服务（包括云办公、远程教育、在线医疗、在线咨询、互动娱乐等）	较为分散,暂无集中的代表企业	在线服务贸易发展相对缓慢,深圳输出较少,输入较多。以云办公为例,相对成体系的华为云办公的主要客户来自国内。而国外在线服务输入较多,Google、微软的办公服务已覆盖较多大中小型企业。
数据服务（包括跨境数据服务等）	较为分散,有提供金融数据服务支撑的大数据企业,如富途牛牛等	发展相对较好的数据服务提供商主要集中于金融领域,其余数据服务提供商相对分散。
云计算机服务（包括云计算相关服务等）	华为、腾讯等	深圳建有国家超级计算深圳中心,云计算服务已相对成体系,但云计算服务贸易相对较少。
社交媒体和搜索引擎服务	腾讯等	腾讯 2020 年网络广告收入为 822 亿元,海外广告收入有一定占比。
其他数字平台服务	相对分散	企业主要服务于亚马逊、速卖通等电商平台。有一部分工业企业在做产业转型升级,形成工业互联网平台,如富士康的 Beacon 平台,但专门服务于海外的工业互联网平台较少。

资料来源:《中国商务年鉴·2020》。

　　落到参与贸易的企业类型,深圳参与数字贸易的企业主要为民营企业,其进出口规模达 1.81 万亿元①,占深圳进出口总值的 59.4%,其中 2020 年比2019 年净增 980.8 亿元,对深圳外贸起到较强的拉动作用,对深圳整体外贸实现正增长起决定性作用。这部分民营企业中,中小微企业不在小数。大型

---

　　① 数据来源于深圳政府在线网,见 http://www.sz.gov.cn/cn/ xxgk/zfxxgj/tjsj/tjgb/content/post_8718466.html。

的民营企业,如华为、腾讯、安克创新等,尚且会积极投入技术研发、创新数字贸易产品,但对中小型的民营企业来说,他们的人才集聚能力、资金募集能力、产品创新能力等相对较弱,亟须政府的引导,协助其进行数字贸易产品的创新。

当前跨境数字产品和跨境数字服务正逐渐成为全球价值链的重要构成部分。全球贸易的数字化转型是大势所趋,在数字贸易时代,捕捉机遇、及时转型是重中之重。深圳的数字贸易发展已有一定成效,但从贸易产品种类、贸易产品附加值以及贸易企业类型来看,深圳的数字贸易仍有发展空间。

五、深圳数字基础设施建设日趋完善,有效推进数字贸易的发展态势

伴随信息技术的成熟,政府与企业的共同努力,数字贸易的各个步骤逐步实现数字化,例如信息展示、货物验证、贸易洽谈、货物报关、支付结算等环节,充分依托电商平台、政务服务平台等多个线上平台,贸易方式数字化程度越来越高,各外贸企业收获来自数字基础设施日趋完善的"成功果实"。

1. 深圳市政府发挥数字基础设施建设的引导作用

多项政策出台推动深圳贸易数字化建设。《深圳市关于推动电子商务加快发展的若干措施》聚焦电子商务发展的薄弱环节,提出加速建设一批电子商务产业集聚园区、构建智慧化电商物流配送体系、完善电子商务信用体系、推动建设电子商务人才体系、鼓励建设行业自律及服务体系、完善电子商务统计监测体系的条款,搭建完善的支撑服务体系等支持电子商务与数字贸易快速发展的举措。2020 年 8 月《中国(广东)自由贸易试验区深圳前海蛇口片区关于促进数字贸易快速发展的若干意见》则进一步落实贸易数字化,以"数字贸易双循环"建设为核心,拟力争通过三至五年的发展,实现前海片区内国际贸易产业数字化转型升级,推动片区数字贸易规模达到 2000 亿元以上。力争在数字贸易应用技术领域形成核心专利千项以上,确保数字贸易综合营商环境位列国内第一梯队。

深圳政府有关部门,多管齐下数字化贸易相关的政务流程。如深圳市贸促委全面推行"足不出户、自主打印"的业务申办模式;深圳海关出台 20 条措施,保障进出口快速通关、减税降费减轻企业负担;中国人民银行深圳市中心支行、深圳外管局多项举措便利跨境电商外汇收支结算。

政府成立相关机构,进一步推动传统国际贸易数字化转型、探索数字贸易发展新模式。前海数科由前海管理局跨境电商事业部公司化转型而来,集中优势资源,引导和支持产业链上下游项目、企业及关键要素在前海集聚,推动成立了"前海数字贸易产业促进联盟",营造了完整的数字贸易产业发展生态链条。前海数科还逐渐加快国际贸易前海模式对外推广的步伐,通过开展公开演讲、专题讲座、座谈交流、学术研讨等方式,向云南、福建、河南、江西、山东、江苏、天津、辽宁、黑龙江等全国各地输出前海经验、前海模式与前海服务。为加快工业互联网建设,深圳市还成立了"深圳市工业互联网专家委员会",为工业互联网的发展提供智力支撑。

政府推动5G独立组网的全覆盖。截至 2020 年 8 月,深圳 5G 基站建设数量已超过 4.6 万个,基站密度全球第一。而且,在 5G 的应用上,深圳选取医疗、交通、警务等十个领域开展典型应用。以本次疫情防控为例,深圳广泛运用 5G 技术,大力推广 5G 智能医护机器人、5G 远程医疗、5G 热成像体温筛查等。

2.企业发挥数字基础设施建设的主体作用

电商企业助力贸易数字化,建立相关服务体系。早在 2019 年年底,阿里巴巴国际站宣布在深圳打造"数字化外贸港",打造一套实现全球买家精细化运营、数字化品牌出海以及数字化外贸综合服务的数字外贸操作系统,为深圳外贸中小企出海"添砖加瓦"。以深圳欧菲特电子公司为例,疫情期间,该公司通过阿里巴巴国际站,分析出海外对防疫周边用品的迫切需求。该公司把握机会,迅速落实设计、出图、出模具,2020 年 3 月便在电商平台上线洗手机。仅花费 3 个月的时间,该公司成功卖出 10 万台洗手机,实现了 1 亿元的营收。

外贸企业拥抱贸易数字化转型机遇,积极参与各种贸易数字化形式。除了加入各大电商平台,通过电商数据运营管理,及时捕捉商机,进行产品或服务的销售以外,外贸企业还积极参与各种线上展会,寻求各种更好的贸易方式。以深圳 We.Lock 微锁为例,由于疫情原因,中国进出口商品交易会改用线上形式进行。We.Lock 微锁品牌富有创新性地打造了"talk to CEO"的视频会议模式,让采购商可以直接与公司核心骨干圈层互动。该公司的直播卖货活动销售量比 2019 年同期增长了 1027%①。

大型企业组成技术联盟，合力促进行业资源对接与应用推广。华为、富士康等龙头企业联合成立"深圳市工业互联网联盟"，参与"工业互联网大会"活动，积极推广企业数字化转型的经验及做法，努力提高自身的互联网发展水平，打造良好的工业互联网发展生态。

六、深圳数字贸易的发展优势与不足

（一）发展优势

一是有坚实的数字贸易发展基础。政府、电商企业纷纷助力数字贸易的发展，便捷的外贸政务流程、日益完善的电子商务平台、可实时监控的数字外贸系统，都为数字贸易的发展提供相对完整的服务体系。而深圳自有雄厚的高新技术产业优势，则为贸易产品的数字化发展提供了保障。鉴于深圳在产业、科技、人才、体制机制等方面都形成了较强的发展优势，为未来数字贸易高质量发展奠定了坚实基础。

二是与主要贸易伙伴有良好的合作基础。深圳对东盟、欧盟、韩国等主要合作伙伴保持良好关系。同时，深圳企业积极开拓新兴市场，对东盟和"一带一路"沿线国家实现了进出口贸易的增长。这无疑对深圳数字贸易的发展起着重要支持作用。

（二）发展不足

一是数字贸易发展不均匀、不平衡。大型企业，以华为为例，其 5G 技术领先全球，华为 5G 基站的全球市场份额将从 2019 年的 27.5% 上升到 2020 年的 28.5%。据 IPlytics 的报告显示，华为共有 3147 项 5G 专利，必要专利申请占比为 15.05%（见图 7-1）。② 得益于 5G 技术的成功研发，华为在数字贸易上发展迅速。但对中小微企业来说，技术、人才、资金等各种要素的缺失，使之在数字贸易的发展上举步维艰。即使有数字贸易服务体系的支撑，但自身能力相对薄弱，较难研发出富有竞争力的数字贸易产品，其数字贸易的发展也

---

① 数据来源于羊城晚报网，见 http://ep.ycwb.com/epaper/ycwb/html/2020-10/23/content_4_323037.htm。

② 德国专利数据库公司 IPlytics：《5G 专利竞赛的领跑者》，2020 年。

自然遇到困阻。

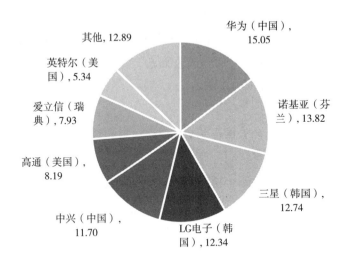

图 7-1　全球 5G 标准必要专利申请占比（单位：%）

资料来源：IPlytics 报告。

二是高附加值数字贸易产品比例不高。目前,数字贸易产品多为电脑及其零部件、音视频设备、家用电器、游戏机等,附加值相对低,其核心技术如芯片制造多来自国外,产品缺乏核心竞争力,难以提高利润空间。

三是数字服务贸易的比例较低。2019 年,深圳服务贸易集中于传统行业,即旅行、建筑与运输,数字服务贸易发展相对较弱。从全球来看,发达国家在数字服务贸易的影响力更甚其他贸易,2019 年,发达国家在数字服务贸易、服务贸易、货物贸易的市场占有率分布为 76.1%、67.9%、51.7%（见表 7-5）。美国与欧盟的数字服务出口规模达到了 30803.5 亿元、95638.0 亿元,在世界数字服务出口合计占比超过了 65%。① 可见发展数字服务贸易的必要性。深入到数字服务贸易的主要种类,从 2019 年数据来看,占比较高的数字服务贸易为其他商业服务和 ICT 服务。较 2014 年,发展较快的是 ICT 服务。而且,发达经济体的知识产权服务与金融服务出口占比,明显较其他两类经济体高。于是,要捕捉数字贸易的发展机遇,深圳就要加大发展数字服务贸易,尤其是发挥自身计算机的行业优势,输出计算机相关的数字服务,同时也要提高知识

———————

① 中国信息通信院:《数字贸易发展与影响》,2019 年。

产权服务、金融服务的出口占比(见表7-6)。

表7-5　2019年分经济体三类贸易国际市场占有率情况　　(单位:%)

经济体 分类	发达经济体	发展中经济体	转型经济体
数字服务贸易	76.1	22.6	1.3
服务贸易	67.9	29.8	2.2
货物贸易	51.7	44.9	3.5

资料来源:贸发会议、中国信息通信研究院。

表7-6　2019年分经济体细分数字服务出口占比　　(单位:%)

经济体 分类	保险服务	金融服务	知识产权服务	ICT服务	其他商业服务	个人文娱服务
发达经济体	4.1	17.8	15.3	19.1	41.1	2.7
发展中经济体	4.9	11.3	4.4	26.7	50.7	2.0
转型经济体	1.6	3.8	3.3	37.3	51.1	2.9

资料来源:贸发会议、中国信息通信研究院。

四是数字贸易的归纳统计不足,有待进一步提升。深圳作为中国数字领先者,在中国数字贸易中处于先行先试。但是按照传统的数字贸易统计标准,不仅展现不出深圳数字贸易的发展水平,也体现不出贸易金额的迅速发展变化。因此数字贸易的统计工作需要进一步加强,需要和海关、文化旅游部门、外汇管理部门、银行、工商管理部门、统计部门团结协作,加强共同和合作,才能建立起适应数字贸易发展规律的统一体系。

第二节　深圳数字贸易的产业基础

一、高新技术快速发展为数字贸易发展提供了良好基础

作为深圳的四大支柱产业之一,深圳高新技术产业2019年的产业增加值

增长速度很快,达到了 9230.85 亿元,占 GDP 比重达 34.3%。覆盖新一代信息技术、数字经济、生物医药、高端装备等领域的深圳"七大战略性新兴产业"快速发展,战略性新兴产业增加值占 GDP 比重为 37.7%①,成为深圳经济 2019 年保持正增长的主要引擎(见图 7-2、图 7-3)。

图 7-2 2012—2019 年高新技术产业增加值和增速

资料来源:深圳统计局。

从技术企业数量和质量上看,深圳国家高新技术企业和创新载体涌现,促进数字化贸易对象的质量提升。2019 年年底,深圳国家级高新技术企业总数超过 1.7 万家,是 2012 年的 6.17 倍(见图 7-4)。而截至 2019 年年底,深圳拥有创新载体 2258 个,比 2012 年增加 1498 个,增长近 2 倍,年均增长 16.8%。目前深圳的企业竞争力在全国处于较强的发展水平,22 家企业入选 2019 年中国电子信息百强企业,数量位居全国第一,11 家企业入选 2019 年中国软件业务收入企业百强,互联网企业则有 8 家入选百强。② 上述企业的发展充分展示了深圳数字技术的强大发展基础和发展空间。

---

① 数据来源于深圳统计局网,见 http://tjj.sz.gov.cn/zwgk/zfxxgkml/tjsj/tjfx/content/post_8172270.html。

② 数据来源于深圳统计局网,见 http://tjj.sz.gov.cn/zwgk/zfxxgkml/tjsj/tjfx/content/post_8172270.html。

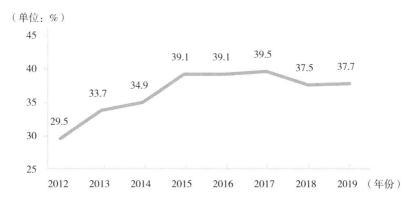

图7-3　2012—2019年深圳市战略性新兴产业增加值占GDP比重

资料来源：深圳统计局。

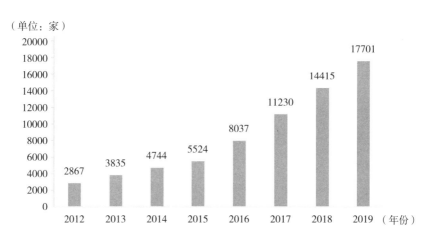

图7-4　2012—2019年深圳国家级高新技术企业累计家数

资料来源：深圳统计局。

二、注重研发和大力增强人才的投入

从 R&D 支出上看，深圳 R&D 支出规模逐年上升，由 2012 年的 488.37 亿元增加至 2019 年的 1328.28 亿元，年均增长 15.4%，其占 GDP 比重也逐年稳步上升。数字贸易产品能否突围而出，受到海外市场的青睐，产品的创新能力是关键。研发投入的逐年增加，数字贸易产品推陈出新，对数字贸易产品的"走出去"起到较大的积极作用（见图7-5）。

（单位：%）

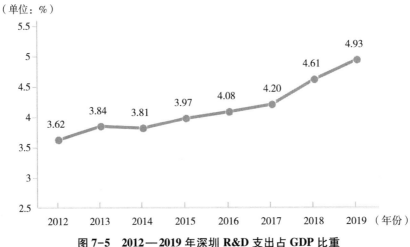

图 7-5 2012—2019 年深圳 R&D 支出占 GDP 比重

资料来源：深圳统计局。

重视知识产权的发展，从专利申请与授权情况来看，2019 年，深圳的专利申请量为 4.87 万件，占全国专利申请总量的 6.23%，在全国大中城市排名第一。专利授权量也上升为 16.66 万件（见图 7-6）。其中，PCT 国际专利申请量为 1.75 万件。① 深圳专利申请数量和授权数量的逐年增加，R&D 支出的效果可见一斑，从而保证了深圳数字技术具有良好的创新性，发展起步阶段很高（见图 7-7）。

（单位：万件）

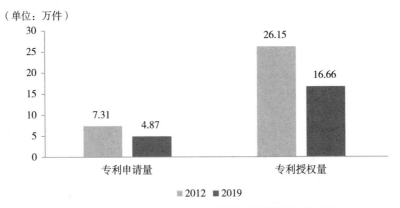

图 7-6 2012 年、2019 年深圳专利申请量和授权量

资料来源：深圳统计局。

———————————

① 数据来源于深圳统计局网，见 http://tjj.sz.gov.cn/zwgk/zfxxgkml/tjsj/tjfx/content/post_8172270.html。

（单位：件）

图 7-7　2012—2019 年深圳历年 PCT 国际专利申请量

资料来源:深圳统计局。

重点案例分析:深圳华为技术有限公司,创立于 1987 年,目前华为是全球领先的 ICT(信息与通信)基础设施和智能终端提供商,世界三大通信企业之一。经过 10 多年的努力拓展,目前华为已经初步成长为一个全球化公司,约有 19.4 万名员工,业务遍及 170 多个国家和地区,服务 30 多亿人口,在海外设立了 22 个地区部门,100 多个分支机构。华为研发、人才投入的大手笔成为推动数字贸易发展的动力。

华为注重研发,研发投入持续增加。2020 年,华为从事研究与开发的人员有 10.5 万名,约占公司总人数的 53.4%。2019 年,研发费用支出为 1317 亿元,约占全年收入的 15.3%。截至 2019 年,近十年累计投入的研发费用超过人民币 6000 亿元。公司持续加大 5G、云计算、人工智能及智能终端等面向未来的研发投入。华为是全球最大的专利持有企业之一,截至 2020 年年底,华为全球共持有有效授权专利 4 万余件(超 10 万件)。90% 以上专利为发明专利。华为在中美欧等主要国家和地区的专利申请量和授权量长期名列前茅。在美国年专利授权数量持续排名前 20 位,2019 年,在欧洲专利局当年专利授权数量排名第 2 位。华为同时也是累计获得中国授权专利最多的公司①。

（单位：亿元）

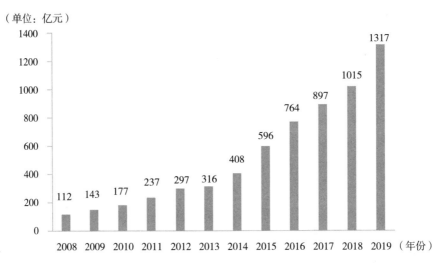

图 7-8 华为 2008—2019 年研发费用及占比情况

资料来源：华为年报。

高素质人才是企业得以发展的保障。在华为，人才是资本。华为的员工中，大概 85% 以上是本科学历；通过高薪聘用的技术开发人才有 4000 余人②。除此之外，华为还积极寻求与外界人才的合作。对于较难解决的业务问题，华为会邀请外部咨询公司人才协助解决。

三、产业数字化发展较快,转型升级百花齐放

农业领域数字赋能,工业领域转型升级,服务业领域百花齐放,科技创新带动的数字化转型,正在深圳的各行各业悄然展开。

对于农业领域,以专业从事数字化综合服务为主要内容的深圳国联康数字化综合服务有限公司,在山东开展联合多方力量打造和运营农产业平台,推进现代数字农业产业发展问题的解决。

对于工业领域,以五金塑胶加工在线制造产业集群数字化转型为例,由云

---

① 数据来源丁华为 2019 年年报。
② 数据来源于华为 2019 年年报。

工厂牵头发起，粤港澳大湾区硬科技创新研究院、深圳精匠云创科技有限公司、深圳工作家网络科技有限公司共同参与。云工厂位于深圳宝安区，通过运营订制零部件交易平台，让加工厂上线开店接单部署信息化系统，采购商可以在平台找厂报价发单，生产全流程在线管理，快速低成本实现转型升级、降本提效。而以大疆、华星光电、赢领智商为代表的一批在全国各行业领域优秀的深圳工业互联网应用标杆企业则已经实现了企业的互联互通，极大地提高了企业的绩效。

对于服务业领域，平安银行、招商银行等企业早已进行数字化转型布局，利用人工智能、大数据、云计算等技术，优化客户服务，提升服务效率，降低不必要的人工沟通成本。

深圳的产业数字化在逐步进行，农业、工业、服务业的企业都在利用深圳优秀的技术基础，各自进行数字化，提升企业运营效率。为深圳数字经济的发展提供技术条件，也为数字贸易的发展和繁荣提供了基础条件与产业支持。

第三节　深圳数字贸易影响及发展趋势

一、深圳数字贸易的影响

数字贸易对深圳的影响是一体两面的。从正向角度来说，科学信息技术的广泛应用使贸易的开展更加便捷高效，深圳的中小微外贸企业参与全球贸易更加容易，国际市场供给与需求的潜力进一步释放。深圳的数字产品与服务融入全球价值链体系，推动中国甚至是世界经济的数字化转型，提高经济运行效率，更大范围地释放数字化带来的红利。从负向角度来说，高度联通的网络与对经济影响巨大的贸易网络相互交汇，信息流加剧了市场竞争，马太效应之下，强者愈强，对技术能力相对薄弱的企业，或者是传统企业，造成一定的冲击。而且，数字贸易产品的监管困难，也为数字治理带来挑战。

具体而言，主要有五点：

一是深圳数字贸易推动深圳经济发展。一方面，数字贸易进一步巩固深圳在科技产业的优势，通过技术、人才、资金等要素的全球资源配置，使深圳科技产业有进一步的发展。另一方面,深圳贸易方式的数字化,不只作用于科技产业,还作用于传统外贸行业,优化贸易的运转流程,提高交易效率,降低交易成本。

二是深圳数字贸易引领全国数字贸易的发展,起到先锋模范作用。深圳拥有的完善科创产业链条,是深圳数字贸易的发展基础。加之政府层面的引导,企业的积极配合,深圳的数字贸易发展成效显著,位于全国前列。深圳还积极向全国各地分享数字贸易的相关经验。前海数科通过多样的推广方式,向云南、福建、河南、江西、山东、江苏、天津、辽宁、黑龙江等全国各地输出前海经验、前海模式与前海服务,让全国各地获得深圳数字贸易发展的宝贵经验。深圳还致力于进一步探索建立数字贸易"前海标准""前海指数",为国家抢占新型国际贸易领域的规则制定权及话语权提供支撑。

三是深圳数字贸易为全国数字经济的发展提供持续的增长动力。深圳通过数字技术"引进来"与"走出去",获得更先进的数字化技术与优质的人才资源,促进全国数字经济的发展。而数字经济已逐步成为中国经济增长的核心力量。2019 年数字经济对中国经济增长的贡献率为 67.7%,数字经济对经济增长的贡献率显著高于三次产业对经济增长的贡献(三次产业对 GDP 增长的贡献分别为 3.8%、36.8% 和 59.4%)。深圳数字贸易的发展,无疑推动全国数字经济的发展,进而成为国内经济运行的动力。

四是信息流更充分的交换,资金流、人才流也进一步流通,加大市场竞争。市场竞争的加大,无可避免地对传统企业,或者一些技术能力相对薄弱的中小企业造成冲击。市场优胜劣汰之下,可能造成部分传统企业或者中小企业的发展受阻,甚至资金流断裂,面临倒闭的风险。以印度为例,其海量的中小批发零售商,受到来自境内外控股的电子商务平台的严重冲击,利润被大量摊薄。为保护本国实体零售企业不受冲击,印度政府出台规定,外商投资控股的印度公司只能开展 B2B 业务,不能开展 B2C 业务。

五是数字贸易的治理遭遇挑战。与过往的贸易不同,跨境的数字产品与服务逐步成为全球贸易价值链的重要构成。数字产品与服务的提供者、消费者可能来自不同国境内,数字治理问题变得更加复杂。首先是不同国家的数字治理法律法规不同。贸易过程由部分线下转移全部线上,对商品的检查难度加大。部分数字贸易供应商本身也不在进口国,也增加了监管难度。其次是各个国家对数字治理的标准不尽统一。部分数字贸易发展较快的国家主张市场开放,降低交易壁垒,减少监管。而另一部分数字贸易发展不够快的国家,则希望数字贸易主要服务于国内经济,加强监管,避免数字贸易影响传统产业。跨国数字化治理矛盾会逐步凸显。

二、深圳数字贸易的发展趋势

从短期来看,深圳数字贸易是深圳科技发展的助推器,技术充分流通,提高深圳科技企业的市场竞争力,也优化贸易的流程,提高贸易效率。但是,较国际数字贸易发展较好的城市或地区,如纽约、波士顿、伦敦、新加坡和东京等地,深圳的数字贸易发展仍较为不充分,高新技术的发展相对不健全。从长期来看,结合深圳固有的高新技术产业基础,数字贸易将成为深圳经济不可或缺的强劲推手,数字贸易对深圳经济的贡献将越来越大。

深圳数字贸易未来发展,将会在决策者、从业者、创业者的共同努力下,贸易运转更加畅通,人才、资金等要素资源更加丰富,技术发展更加完善,形成数字贸易发展的良性循环系统,并使之日趋成熟。

第一,政府对数字贸易起到引导、监督与协调作用,相关的科技财政投入将进一步提高,数字治理愈来愈完善。科技财政投入助力深圳中小微科技企业的发展,使之在充足的要素支撑下茁壮成长。数字治理则关注跨国的数字产品往来问题,推出针对性的法律法规。

第二,科技相关的多层次资本市场的制度与服务将进一步完备。市场将进行多层次的融资方式的有益探索,数字贸易自生发展动力得到增强。资本市场服务于新三板、科创板的科技服务中介机构进一步增多,专业性更强,同时简化科技企业的上市操作程序,促进资金流向高质量的科技企业。

第三,以数字贸易和数字经济为代表的高层次人才将进一步融入深圳数字贸易发展体系。这些高层次人才队伍对深圳数字贸易的发展意义重大,是深圳数字贸易体系能否延续的制约因素。而且,人们工作的方式更加多样。线上办公、跨境提供服务可能成为一种更明显的趋势。人们足不出户便可提供跨境服务,人们的休闲时间更充裕、精神生活更丰富。

第四,数字贸易产品将更多元,其核心竞争力得到加强。不同的数字贸易企业将针对市场需求,推出不同的数字贸易产品,除了实体的 3C 产品贸易,还包括跨境计算机维护服务、跨境程序设计服务、数据交易等非实体贸易。同时,技术得到跨境传播,距离已不再是限制技术传播的障碍。在技术要素的充分流动下,企业将加大研发力度,提高产品的核心竞争力。

第五,在数字贸易的推动下,科技行业的集中度与格局将发生变化,大型科技公司、独角兽科技企业层出不穷,引领国内科技发展。中小型科技企业也在不断发展中,找到自己的位置,专注单一领域,持续不断的发展。数字贸易发展不平衡的状况得到缓解。

深圳数字贸易生态也将日趋完善,大中小型科技企业和谐发展,推动深圳、全国乃至全球价值链的重构,改变全球价值链的收入分配规律。在这个过程中,深圳数字贸易的发展辐射到粤港澳大湾区,进而覆盖广东乃至全国,成为经济发展的重要推手。深圳的数字贸易也在发展中与世界逐渐接轨,逐步与数字贸易发展较好的城市/地区靠齐。

第四节 深圳数字贸易对未来城市 经济发展的启示及建议

首先明确认识数字贸易对于我国数字经济的发展意义重大。未来,全球数字贸易竞争将更加激烈,我国未来城市,尤其是深圳的经济发展,应主动顺应形势,明确数字贸易发展方向,提前布局长远规划,结合深圳数字经济的发展优势,充分彰显我国的数字贸易发展潜力。

一、推动数字基础设施的快速发展

第一,建立政府、平台、外贸企业多主体联动的电商生态。通过政府支持,电子商务平台牵头,外贸企业参与,合力推动跨境电子商务的发展。大型龙头电商如阿里巴巴国际站、速卖通等起主导作用,整合资源,鼓励和支持我国外贸企业积极融入本国平台搭建的电子商务生态,形成跨境电子商务区域,如深圳前海，已建立了跨境电子商务区域，支持各类出口加工区、综合保税区等。上海虹桥商务区，已集聚数字企业2300余家。发展跨境电子商务区域，要聚集一批估值百亿美元、具有全球影响力的数字贸易企业，大力发展跨境电子商务保税进口、B2B出口业务。借助龙头企业促发展，要打造一批数字贸易独角兽企业。同时，也要布局无人便利店、智能无人柜等多种形式的跨境电子商务经营实体，加快推进数字贸易多元化发展。

第二，加快推进5G、工业互联网、物联网、数据中心等相关数字化基础设施建设。只有数字基础设施建设更完善，深圳的数字贸易发展才更加广阔。推动相关企业加大投资，加快网络、平台、安全三大体系的建设，持续完善工业互联网的发展生态，促进产业供给能力的不断提升。

第三，提高数字化政务水平。提升跨境电子商务通关的便利化，依托线上综合服务平台，"一站式"完成通过流程，实现"一次申报、一次查验、一放行"。缩短通关时间，提升通关效率。

二、营造数字贸易的良好发展环境

第一，完善数字贸易监管服务体系。打造协同数字治理体系，开展联合执法，与社会各界建立互联网行业多方治理机构，就重难点问题进行研讨，推动建立政府依法管理，社会多方参与的协同治理体系。进一步创新政府的监管手段，积极利用大数据、人工智能等新技术，实现事前事中事后的监管。完善多层级社会信用体系，建立各平台间的守信激励与失信惩戒机制，对各主体行为进行高效约束。此外，数字贸易可能打破国际贸易平衡，并对国际贸易监管模式构成新的挑战，需要实现国际间的数字治理合作。

第二，发挥金融服务支撑作用。优质的投融资环境是支撑数字经济建设的后备力量。除政府财政投入外，推动各类金融机构、商业股权投资基金及社会基金向数字贸易领域投资，建立跨境电商融资服务风险补偿分担机制，鼓励银行、信保机构与企业实现战略合作。

第三，优化数字化人才队伍建设。一是以高等教育、职业教育为主体，继续教育为补充，聚焦数字化的前沿方向，校企合作，培育数字化领军人才。二是鼓励加强在职员工的数字技能培训，鼓励企业完善职工培训相关制度。

第四,完善应对贸易壁垒的援助体系,提供相应法律支持。建立政府服务信息平台,加强对各国数字贸易相关的法律研究,为企业提供可靠而权威的海外法律、市场需求、投资环境等信息,使企业遇到问题时能够得到及时的帮助。

第五,加强国际交流合作。通过政府间数字贸易领域的交流合作,增进其他国家对我国企业与技术的了解,为我国企业出海创造机会。同时,结合全球化数字贸易发展需求建设一批高水平的海外科研基地。

三、扩大数字贸易的发展空间

第一,共建共享数字化发展成果。政府推动,企业主要参与,坚持创新驱动发展,加强大中小型科技企业在数字经济、人工智能、量子计算机等前沿领域合作,吸收海外的优秀技术,构建共建共享的技术流、价值链与产业链,甚至引导全球科技发展的方向。

第二,推动传统外贸企业数字化转型。推动传统外贸企业战略转变,结合跨境电子商务,调整市场方向,以"一带一路"建设为发展契机,积极开拓以非洲、东盟为代表的新兴市场国家。

第三,谋划新增集聚平台,培育数字贸易龙头企业。如"前海数字贸易产业促进联盟",形成数字贸易相关的协会、联盟,推动数字贸易企业的交流,挖掘潜力数字贸易企业,并赋予资金、人才等要素的支持,培育数字贸易的龙头企业。

四、鼓励企业数字贸易采取多样化的发展模式,实现数字贸易百花齐放

数字贸易企业之间不同的发展模式对数字经济的影响将产生独特的发展方向。有的企业如创业板上市公司安克创新注重渠道布局,以线上平台为主、线下渠道为辅的全渠道销售,线上线下平台相互促进,使之全球知名度逐步提高。有的则注重 B 端、C 端业务共同发展,二者业务相关,起相辅相成作用,有利于扩大企业的发展重点,提升企业的市场占有度,主要的企业如华为股份有限公司。还有的则注重本土化模式,产品、渠道的本土化,使之深获用户的喜爱。目前比较有影响的是科创板上市的传音控股。这三种不同的模式对数字贸易的影响各不相同,但都成为数字贸易的未来发展方向之一,都有利于数字贸易的未来发展,特别是对于还在发展的数字贸易企业、中小微企业,选择适合自身的发展模式,持续进行技术研发投入,研发出优秀的数字产品/服务,是其发展之道。

(本章执笔人: 孙波 张雅婷)

第八章　杭州数字贸易：现状、
问题与策略研究

在国内国际双循环新发展格局下，发展数字贸易成为助推我国实现高质量发展的关键动力。本章将通过对杭州数字贸易发展的基础、创新发展现状及存在问题等进行分析，并从政策视角就进一步推动数字贸易发展提出建议。

第一节　杭州数字贸易发展基础及现状

一、杭州数字贸易的发展基础

（一）数字贸易发展政策环境良好

杭州构建多维度政策体系支持数字贸易发展。杭州致力于打造全国数字经济第一城。2014年，杭州率先提出实施信息经济智慧应用"一号工程"，2018年，杭州市制定了全面推进"三化融合"打造全国数字经济第一城的五年行动计划。相关部门相继出台了《杭州市人民政府关于加快推进跨境电子商务发展的实施意见》《杭州市建设国家新一代人工智能创新发展试验区若干政策》《杭州市全面深化服务贸易创新发展试点实施方案》《杭州市人民政府关于完善科技体制机制健全科技服务体系的若干意见》等系列打基础、利长远的政策，为数字贸易发展奠定了良好的制度框架和政策体系，极大地夯实了数字贸易发展的政策基础。

（二）数字贸易发展的产业基础厚实

新华三集团和中国信通院联合发布《中国城市数字经济指数蓝皮书

（2021）》,评估了全国 242 个城市的数字经济发展现状,数字经济指数平均得分为 53.4 分。上海、深圳、北京、成都、杭州、广州 6 个城市达到数字经济一线城市标准,平均得分为 90.3 分,数字经济发展水平遥遥领先,杭州市深厚的数字经济基础孕育着数字贸易发展的巨大潜能。杭州于 2014 年提出实施信息经济智慧应用"一号工程",信息经济增加值占 GDP 比重从 2014 年的 18.1%提高到 2016 年的 25.6%①。"十三五"时期,杭州继续深入实施数字经济"一号工程",高水平打造"全国数字经济第一城",成效显著。2018—2020 年,杭州市数字经济持续保持两位数增长,分别增长 15.0%、15.1%和 13.3%,大幅高于 GDP 增速。2020 年全年,数字经济核心产业增加值 4290 亿元、增长 13.3%,高于 GDP 增速 9.4 个百分点,占 GDP 比重达到 26.6%,比 2018 年提高 3.6 个百分点。② 依托数字经济赋能发展,杭州持续推进产业数字化和数字产业化。

产业数字化为数字贸易奠定产业基础。近年来,杭州聚焦数字赋能,深化数字经济与制造业融合发展,深入实施"新制造业计划",加快重塑制造业。以"百千万"工程为抓手,深入推进制造业数字化转型。自 2019 年起实施制造业数字化改造"百千万"三年行动计划以来,经大力推进,2020 年实现规模以上工业企业数字化改造覆盖率达 97.4%,开始走上从"机器换人"到"工厂物联网"再到"企业上云""ET 工业大脑"的智能制造之路,为数字贸易奠定了基础。③

数字产业化催生数字贸易的新业态。在数字产业化方面,根据杭州市统计局年度统计调查结果,2020 年,杭州市"1+6"产业集群中,软件与信息服务、数字内容产业等新业态规模位列前二,主营业务收入依次为 3441 亿元、3113 亿元。从增速来看,分别增长 12.9%、12.7%,仅次于增速第一的电子信

---

① 《关于杭州市数字经济发展情况的调研报告》,见 https://z.hangzhou.com.cn/2020/rddesbchy/content/content_7756904.html。

② 数据来源于 2018 年、2019 年、2020 年《杭州市国民经济和社会发展统计公报》。

③ 《2021 年杭州市政府工作报告》,见 http://www.hangzhou.gov.cn/art/2021/2/9/art_1229063401_3844551.html。

息产品制造产业,势头强劲。① 国家新一代人工智能创新发展试验区加快建设,人工智能产业营收超 1500 亿元。②

（三）数字贸易发展的"新基建"完备

2020 年,杭州市大力推进新一代数字经济基础设施建设,新建 5G 基站 7882 个,实现各区、县(市)建成区 5G 网络覆盖;推进阿里巴巴、电信等大型绿色数据中心前期建设,新增服务器 6 万个。围绕"1+N"工业互联网平台体系,2020 年杭州市新增进入省级工业互联网平台创建名单 30 家。SupET 工业互联网平台连接工业设备产品 4472.51 万台、服务工业企业 11.09 万家;26 家省级工业互联网创建平台连接设备 182 万台、服务企业 23.7 万家、开发工业 APP2167 款。首个国家(杭州)新型互联网交换中心启用;联合国大数据全球平台中国区域中心落户。③

杭州以 5G、大数据中心、区块链等数字基础设施建设为契机,促进云计算、数字传媒、数字娱乐等新一代信息技术服务和数字内容出口,不断完备的"新基建"布局为杭州市数字贸易发展提供了出色的设施基础,推动数字贸易快速发展。

（四）数字贸易发展的创新氛围浓厚

杭州具有良好的科创氛围,现有国家级科技企业孵化器 48 家,位居省会城市、副省级城市第一;国家级众创空间 68 家,位居省会城市第一,副省级城市第三。④ 在数字经济领域已形成了以国家自主创新示范区为核心,城西科创大走廊、城东智造大走廊为两翼,数量众多的特色小镇、众创空间为支撑的创新平台体系;以及之江、西湖、良渚和湖畔 4 个浙江省实验室,阿里巴巴达摩院、华为杭州研究所、中电海康研究院等高级创新平台,浙江大学、西湖大学、

---

① 杭州市统计局/统计数据/年度数据,见 http://tjj.hangzhou.gov.cn/col/col1229453450/index.html。

② 《2021 年杭州市政府工作报告》,见 http://www.hangzhou.gov.cn/art/2021/2/9/art_1229063401_3844551.html。

③ 《2020 年杭州经济和信息化局职能目标完成情况》,杭州市经济和信息化局,见 http://jxj.hangzhou.gov.cn/art/2021/1/13/art_1229346172_3834239.html。

④ 杭州科技局官网,《国家创新型城市建设,杭州再出发!》,见 http://kj.hangzhou.gov.cn/art/2021/6/10/art_1228922127_58923138.html。

中法航空大学等高水平研究型大学,为中小企业输出新制造解决方案的阿里犀牛智造工厂等创新源和创新物种均布局在杭州,为杭州市提升重大科技攻关能力、产出更多原创性科技成果提供了重要保障。同时,杭州市配套政策完善,全力落实国家及省市各项科技新政,不断集聚人才、技术、资本等科创高端要素,全社会研发投入占 GDP 比重和万人发明专利授权量位居全国前列,持续打造数字创新的策源地。杭州的各类创新平台为"数字技术+产业"的数字贸易跨界融合发展提供了有力支撑。

（五）数字贸易发展的比较优势明显

杭州市新一代信息技术产业集群形成了数字贸易发展比较优势。围绕着信息软件、云计算与大数据、人工智能、物联网等数字经济核心产业,杭州全力提升数字产业化水平,打造新一代信息技术及应用万亿级产业集群,目前形成了以云计算和大数据、信息软件、电子商务、数字内容为主的产业结构。以数字经济的"一把手工程"——软件产业为例,拥有"中国软件名城"之称的杭州,软件产业应用领域已经覆盖云计算与大数据、电子商务、数字内容、物联网、制造业数字化、嵌入式软件等行业。

在云计算方面,阿里云成为全球第三大云计算与人工智能服务商;在数字安防方面,海康威视"视频感知"入选国家新一代人工智能开放创新平台;杭州区块链领域全球专利数量居全国第三。[①] 在人工智能方面,据信通院《中国区域与城市数字经济发展报告》,杭州人工智能规模以上制造业企业和典型企业已达 523 家,人工智能算力和专利数分别居全国第一位、第二位,产业竞争力位列全国第一梯队,已初步形成以海康威视等龙头企业为引领,大中小企业协同发展的企业梯队以及"双核多点"的人工智能产业格局。

（六）数字贸易发展的营商环境优良

数字贸易作为一种新兴贸易方式,需要更加包容普惠的营商环境支持。近年来,杭州以"最多跑一次"改革为抓手,围绕数字经济第一城、数字治理第一城、移动办事之城,创新推出"一件事"集成改革、开办企业"分钟制"、

[①] 《迈向高水平全面小康的历史跨越——杭州"十三五"经济社会发展综述》,杭州市人民政府网,2021 年 2 月 9 日,见 http://tjj.hangzhou.gov.cn/art/2021/2/9/art_1229279240_3844507.html。

工业项目审批"小时制"、"亲清在线"数字化政商服务平台建设、行政服务中心"去中心化"等举措,不断深化城市大脑建设,强化数字赋能城市治理。以知识产权服务为例,城市大脑中枢系统下部署了中国(杭州)知识产权·国际商事调解云平台,不断突破知识产权和国际商事调解的时空限制、提升调解服务的智能化信息化水平,初步实现了跨时空、跨地域的"知识产权和国际商事纠纷调解一次不用跑",在打造网上知识产权和国际商事调解杭州样板方面迈出了关键的一步,也为建设知识产权国际运营交易中心打下坚实基础。

为争取营商环境改革再上新台阶,杭州市精准对标世界银行营商环境评估体系,出台实施《2020 年杭州市建设国际一流营商环境实施方案》。方案共有 12 大举措 37 条,包括深化商事制度改革、深化信贷金融改革、优化税收服务便利化改革和推进跨境贸易便利化改革等举措,企业营商便利度。杭州不断优化的营商环境持续增强经济的吸引力、创造力、竞争力,成为连续 9 年入选"外籍人才眼中最具吸引力的中国城市",为数字贸易的发展创造优良环境。

二、杭州数字贸易的发展现状

(一) 杭州数字贸易产业规模

1. 数字服务贸易

可数字化的服务贸易中,电信、计算机和信息服务是拉动杭州市数字服务出口的重要力量。据杭州市商务局统计,2020 年,杭州市电信、计算机和信息服务出口额为 290.24 亿元,占全市服务贸易出口额的比重为 30.40%。个人文化和娱乐服务、金融服务及知识产权使用费出口额分别为 80.63 亿元、58.83 亿元、0.41 亿元,占全年服务出口额的 8.44%、6.16% 和 0.04%。从产业结构来看,计算机服务在杭州数字服务贸易中居绝对主导的地位。

以服务外包数据为参照,2020 年杭州市承接离岸服务外包合同执行额548.66 亿元,同比增长 1.09%。截至 2020 年年底,进入商务部服务贸易统计监测管理业务应用备案的服务外包企业达 1792 家,从业人员 47.7 万余人。

2. 数字平台贸易

通过互联网开展营销、交易和服务,是杭州市数字平台贸易的集中体现。据杭州市统计局统计,2020 年,杭州市实现跨境电商进出口 1084.16 亿元,同比增长 13.91%。其中进口 327.39 亿元,同比增长 11.67%,出口 756.77 亿元,同比增长 14.91%。

(二)杭州数字贸易产业结构

从产业结构来看,离岸服务外包中的信息技术研发服务是杭州数字服务贸易的主要构成。据杭州市商务局统计,2020 年,杭州市信息技术研发服务接包执行额为 38.32 亿美元,占到信息技术外包(ITO)的 87.9%。同时,大数据、人工智能、云计算和物联网等新一代信息技术外包特色鲜明,对产业贡献度高。2020 年大数据、人工智能、云计算和物联网服务外包离岸执行额为 19.69 亿美元,占全市离岸执行额的 25.35%。

此外,杭州市数字产业化优势显著,在电子商务、互联网金融、共享经济等领域不断涌现出新业态、新模式,引领带动数字贸易发展。目前,杭州已形成具全球影响力的电子商务、云计算、大数据、数字安防等数字产业集群,为数字贸易发展提供坚实产业基础。

(三)杭州数字贸易市场主体

从市场主体来看,杭州已形成了以阿里巴巴集团、海康威视、新华三技术等为龙头,其他上市公司和独角兽企业为中坚,"双创"为支撑的雁形企业群。

在数字服务供应领域,产生了一批具有代表性的企业,包括提供电信、计算机和信息服务的海康威视、大华技术、网易、玳能科技等企业;提供其他商业服务的物产安橙科技、恒逸石化、艾康生物;提供个人、文化和娱乐服务的网易雷火、绝地科技、华策影视;以及提供金融服务的蚂蚁金服、连连银通、乒乓智能等企业。

同时,杭州市依托云栖小镇、梦想小镇、物联网小镇等特色小镇中数量众多的众创空间、科技企业孵化器,以及西湖大学、之江实验室、阿里达摩院等高能级科研机构,孵化培育、带动发展了大量中小型数字企业。

（四）数字贸易产业空间布局

在数字贸易的整体空间布局上,杭州市形成了"一核两翼多基地"产业格局。

"一核":以杭州市高新开发区(滨江)为中心,形成数字服务产业核心聚集区域。高新区致力于打造网络信息技术产业的全产业链,形成了电子商务、智慧物联、智慧医疗、智慧安防等一大批"互联网+"的产业集群,电子商务、数字视频监控、集成电路设计产业、软件产业、动漫制作的整体水平居国内领先。

"两翼":以余杭区(城西科创大走廊)和钱塘区为两翼,形成数字贸易特色示范区。区内重点发展服务外包、计算机和信息服务、跨境电子商务服务、跨境贸易金融等数字服务业态。同时依托城西科创大走廊,发挥未来科技城等阿里巴巴、阿里云等头部企业带动作用,积极开展与产业联盟、高等院校和科研机构的战略合作。

多基地:入选首批国家数字服务出口基地的高新区(滨江)物联网产业园、国家文化出口基地中国(浙江)影视产业国际合作区和浙大网新软件园等服务贸易示范园区。

（五）杭州数字贸易发展特点

1.结构持续优化,质量不断提升

据杭州市商务局统计,2020 年杭州市大数据、人工智能、云计算和物联网服务外包离岸执行额为 19.69 亿美元,占全市离岸执行额的 25.35%。其中,物联网服务外包离岸执行额从 2019 年的 15.19 亿美元增长到 18.76 亿美元,占全市离岸执行额的份额由 21.15%稳步提升至 24.15%。以服务外包领域为例,大数据、人工智能、云计算和物联网等新一代信息技术外包特色鲜明,高端业务持续聚集优化数字贸易发展质量。

2.产业聚集发展,示范效应突出

据杭州市商务局统计,2020 年杭州高新技术产业开发区和杭州经济技术开发区两个国家级园区在离岸执行额合计高达 40.9 亿美元,占全市执行总额的 51.4%,涉及互联网、信息与软件、物联网、云计算、生物医药、金融服务、文创设计等主要行业,其中位于杭州高新区的物联网产业园 2020 年顺利入选首批国家数字服务出口基地,该园区大力发展以数字技术为支撑、高端服务为先导的"服务+"整体出口,汇集了诸如海康威视、大华技术、安恒信息、趣链科技等大批龙头企业,有力地带动数字服务产业集群发展。

3. 龙头企业引领,"杭州服务"彰显

杭州以海康威视、大华、宇视科技为代表的数字安防产业在全球市场占有率超过三分之一,在数字视频监控产业排名分别居全球第一位、第二位、第四位。通过"走出去"、本地化、全球配置资源等战略的持续推进,杭州数字安防产品和解决方案已覆盖全球 180 多个国家和地区,赢得了全球视频安防解决方案主要提供商的地位,以数字安防为代表的"杭州服务"品牌,国际影响力正不断扩大。

4. 发展生态改善,公共服务突出

杭州重视数字贸易生态构建,不断创新公共服务模式,经过十余年的坚持,公共服务平台从最初的人才培训服务、园区共享服务到如今的创新能力孵化、国际市场拓展等服务,由龙头企业引流带动,至 2020 年年底累计培育建设了各类公共服务平台 31 个。通过公共服务平台的建设降低了中小企业市场进入门槛,丰富了以龙头企业为核心的数字服务产业生态,提升了杭州数字服务产业的集聚度。为数字贸易企业拓市场、降成本、提实力,发挥了重要作用,推动了杭州市数字贸易规模快速增长。

第二节　杭州推动数字贸易发展的主要政策举措

杭州市出台系列政策推动数字经济健康发展,其中涵盖了市场主体引育、园区建设、贸易促进、金融服务、产权保护、人才支撑等多个领域,为数字贸易健康发展提供了支持。

一、服务贸易促进政策

（一）推动集聚发展,完善贸易促进

《杭州市全面推进"三化融合"打造全国数字经济第一城行动计划(2018—2022 年)》提出以国家自主创新示范区建设为引领,以杭州国家高新技术产业开发区和杭州城西科创大走廊为核心,建设具有全球影响力的数字技术科创高地,以国家级开发区和杭州大江东产业集聚区为重点,打造世界级数字产业集群。《杭州市全面深化服务贸易创新发展试点实施方案》中针对贸易促进发展方面,建立重点企业带动中小型企业的互联机制,促进服务贸易企业集群式协同发展,同时积极促进海外市场发展,依托跨境电商海外运营中心,在重点国家搭建重点服务领域服务贸易海外促进中心。

（二）推进服务贸易数字化转型

数字技术运用于国际贸易往来各环节可以极大地提高交易效率,降低交易成本,使得物流、资金流和信息流更加的便捷。《杭州市全面推进"三化融合"打造全国数字经济第一城行动计划（2018—2022年）》提出积极培育数字化现代服务业新业态新模式,推动贸易、金融、文创等产业创新发展,大力发展数字贸易,实施"新外贸新服务新制造"计划,打造跨境电商综合试验区升级版。鼓励企业建设教育、文化、健康等与企业发展以及生活相关的数字平台,逐步扩大服务贸易海外市场,并引导重点企业实现生产智能化转向研发、设计、管理、仓储、物流和服务等全流程智能化转型发展,打造智能型贸易示范区。

（三）推动服务贸易创新发展

《杭州市全面推进"三化融合"打造全国数字经济第一城行动计划（2018—2022年）》提出发挥以集成应用创新和商业模式创新等优势,加快新经济发展,积极助力培育众创、众包等新经济模式。《杭州市全面深化服务贸易创新发展试点实施方案》提出数字基础设施建设为契机,促进新一代信息技术服务和数字内容出口,推动在线教育、"云健身"、数字文旅等服务贸易创新发展,重点打造线上与线下联动、数据与实体联动的互联网服务贸易新业态,积极培育跨境电子商务综合生态圈。

二、跨境电商促进政策

杭州市为促进数字贸易发展,充分依托互联网产业基础好的优势,大力支持跨境电商服务。

（一）引导各类企业开展跨境电子商务业务

杭州市出台《杭州市全面深化服务贸易创新发展试点实施方案》和《杭州

市人民政府关于加快推进跨境电子商务发展的实施意见》,加快推进跨境电子商务发展,引导传统外贸企业和制造企业通过互联网数字平台的方式开展业务经营,逐步推动各类企业进行数字化转型发展,并对成长性和市场潜力较强的跨境电商市场主体给予不超过100万元的资金扶持。促进跨境电子商务快速健康发展,增强杭州市跨境电商综合竞争力。

（二）　推进跨境电子商务企业境外注册和国际认证

《杭州市人民政府关于加快推进跨境电子商务发展的实施意见》提出"对在跨境出口目的国注册自有商标的跨境电子商务企业,给予不超过当年境外商标注册费用70%的一次性资金扶持,单个企业扶持总金额不超过20万元;对在跨境出口目的国通过国际认证的跨境电子商务企业,给予不超过当年国际认证费用70%的一次性资金扶持,单个企业扶持总金额不超过20万元"。确保跨境电子商务小微企业在享受政策优惠上具有一定的优势,在一定程度上减轻企业营运成本从而助力跨境电商企业与市场采购、外贸综合服务企业等外贸新业态融合,形成相互促进的良性循环发展。

（三）　鼓励企业运用多种平台进行品牌推广

《杭州市人民政府关于加快推进跨境电子商务发展的实施意见》提出"对在中国(杭州)跨境电子商务综合试验区线上综合服务平台备案的跨境电子商务企业,给予在经市跨境电商综试办认定的跨境电子商务平台所产生的推广费用不超过25%的资金扶持,单个企业资金扶持金额不超过50万元"。同时,鼓励企业利用第三方平台、独立站、社交媒体、直播带货等多形式多渠道巩固扩大市场,推进跨境电子商务创新发展,通过运用数字技术创新贸易方式,形成在渠道、品牌、数据、定价等多方面拥有更多自主权的创新性商业模式,提高渠道掌控力、品牌影响力、数据赋能力和产品附加值。

（四）　推动跨境电子商务产业园区建设

为推进跨境电子商务产业园区良性发展,引入园区竞争机制,对具有综合优势的园区进行不超过50万元的资金奖励,《杭州市人民政府关于加快推进跨境电子商务发展的实施意见》提出"对经市跨境电商综试办认定的新开设跨境电子商务产业园区,给予园区主办方不超过100万元的一次性资金扶持"。同时还鼓励跨境电子商务平台和服务平台为传统型企业提供更多创新服务。《中共浙江省委办公厅 浙江省人民政府办公厅关于大力发展数字贸易的若干意见》提出以"杭州城西科创大走廊"为核心的科技走廊载体,与中国(浙江)自由贸易试验区改革联动、创新联动、贸易联动、发展联动,孕育世界级数字贸易产业集群。通过深化产业集群跨境电商发展试点,促进各地高起点高标准规划建设一批产业特色鲜明、功能配套完善的跨境电商产业园。

三、金融服务政策

(一) 推进数字化金融服务,创新跨境支付清算

为解决企业在数字化转型过程中所遇到的金融服务问题,杭州市鼓励数字贸易核心企业依托区块链、物联网、人工智能等技术建立数字供应链平台,加强与金融机构协作,依法合规开展供应链金融服务,解决上下游中小微企业融资难、融资贵问题,切实解决企业发展困境。其中为探索新跨境贸易形态下的跨境支付监管模式和标准规范,《中国(浙江)自由贸易试验区杭州片区建设方案》提出"开展货物贸易、服务贸易跨境外汇便利化试点,探索银行由事前单证审核转向事后审核。积极发挥银行卡清算牌照作用,发展多元化支付清算服务,支持外国客商在境内便利使用移动支付,支持开展海外客商在线进行国内供应商款项跨境支付的便利化试点"。

(二) 完善全球金融服务功能

推进数字贸易发展三大重点领域之一金融领域,以打造具有全球性影响力的金融中心为目标,杭州市政府出台《杭州市全面深化服务贸易创新发展试点实施方案》,明确以推进钱塘江金融港湾和杭州国际金融科技中心联动建设、现货市场与期货市场联动发展、跨境电商金融服务创新及跨境人民币业务创新为主要目标,整合跨境支付、贸易服务资源,建立完善的支付结算体系,实现数字经济时代金融服务、交易质量高标准发展,加快建设杭州国际金融科技中心。

(三) 加快金融服务创新发展

为实现以科技手段推动金融创新发展,杭州市政府出台《杭州国际金融科技中心建设专项规划》,明确杭州国际金融科技中心建设的目标定位、主要任务、空间布局以及相关政策支持,为杭州金融科技中心建立奠定良好基础。

《中国(浙江)自由贸易试验区杭州片区建设方案》中将创新发展跨境支付、助推人民币国际化、推动金融改革创新、深化金融科技应用创新方面作为促进金融服务体系创新发展的着力点,加强创新政策和改革成果的创新推广,探索数字金融的基础设施和制度应用的创新性应用模式,以金融服务数字化、金融领域制度创新化来助推杭州自由贸易区快速发展。

四、科技发展政策

(一)完善知识产权保护机制

为解决跨境贸易知识产权纠纷争议问题,杭州市互联网法院充分发挥其职能,不断完善行政处理、调解、仲裁、诉讼等多元化纠纷解决机制。《杭州市城市国际化促进条例》提出市、区、县人民政府应当就促进知识产权保护和成果转化应用制定政策措施,营造国际创新创业生态环境。此外,在数字贸易规则、监管、便利化等方面,积极开展国际合作,建立健全知识产权海外维权渠道和争议解决机制,强化涉外法律服务,加强对涉外知识产权代理机构的培育和代理人才的培养,设立专业咨询机构,加强诉讼指导和知识产权海外援助机制建设。

(二)推动科技创新发展

杭州市政府在科技发展领域全方位布局,加快重大科创平台培育,重点聚焦网络信息、人工智能等高新技术的基础理论科学研究,全力打造具有世界一流水平的国家实验室。《杭州市全面推进"三化融合"打造全国数字经济第一城行动计划(2018—2022年)》将强化对基础前沿关键技术的测试验证支撑为重点,在云计算、大数据、"城市大脑"、智能联网车、网络安全攻防靶场、量子计算等领域积极承接和推进建设一批国家级大科学装置与实验验证平台。

(三)完善科技创新支持体系

为建立健全科技创新和治理体系,《中共杭州市委关于制定杭州市国民经济和社会发展第十四个五年规划和二〇三五年远景目标的建议》提出"有效整合科技政策资金,完善科研投入机制,做大做强杭高投、市创投引导基金,规范发展风险投资市场,完善金融支持创新体系"。鼓励社会力量发展科技转让平台,提高高科技运用成效。

五、人才引育政策

(一) 多元化推动数字贸易人才引育

全面贯彻落实《中共浙江省委关于建设高素质强大人才队伍,打造高水平创新型省份的决定》中的各项人才政策,促进数字贸易发展,加强人才支撑。《杭州市全面深化服务贸易创新发展试点实施方案》《中共浙江省委办公厅 浙江省人民政府办公厅关于大力发展数字贸易的若干意见》提出"依托全球英才杭聚、专项人才引育、青年人才弄潮工程,加大国际服务贸易人才引育,深化'名校名院名所'工程,优化中外合作、校企合作等人才培养机制"。推动高校开设数字贸易相关专业,依托高校和企业探索设立数字贸易学院(研究院)。

(二) 鼓励高校和培训机构开展跨境电商人才培养

跨境电子商务专业人才稀缺是推动数字贸易发展遇到的困难之一,高校与跨境电子商务平台合作、联合培养能够把理论和实践相结合的跨境电子商务专业人才是解决的途径之一。《杭州市人民政府关于加快推进跨境电子商务发展的实施意见》提出要鼓励开展跨境电子商务专业培训,支持经市跨境电商综试办认可的社会培训机构开设跨境电子商务技能培训项目,与各区、县跨境电子商务主管部门合作,对企业员工开展跨境电子商务专业培训等给予支持。并且鼓励跨境电子商务企业引进跨境电子商务专业人才,符合"杭州市人才新政"相关条件的跨境电子商务人才,可优先享受相关政策。

(三) 创新人才服务环境

《中共杭州市委关于制定杭州市国民经济和社会发展第十四个五年规划和二〇三五年远景目标的建议》《中国(浙江)自由贸易试验区杭州片区建设方案》提出创新人才引进制度,优化人才服务环境,对高层次、紧缺型人才给予专项奖励,并研究制定配套住房政策,给予经认定的高层次人才优惠待遇,加大数字贸易高端人才引进力度,完善住房、子女就学等方面的服务政策,引导有条件的企业对业务骨干实现股权、期权等有效的激励制度。

第三节 杭州数字贸易发展中需解决的问题

一、数字贸易人才供给相对不足

阿里研究院的数据显示,近五年来我国对数字贸易人才需求的增长幅度为年均39%[1],杭州的人才需求增速与全国保持大致相近的水平。走访杭州市数字贸易企业后发现,数字贸易中高端人才相对产业快速发展而言,人才缺口明显,如金融科技领域的人才缺口较大,难以满足企业快速发展的需求;在海外市场拓展方面,虽然杭州数字贸易企业开拓国际市场的意愿较强,但从事国际市场拓展的中高端人才匮乏,企业国际市场开拓能力有待提高。当前杭州市数字贸易尚处于起步发展阶段,杭州高校对数字贸易人才的培养还处于探索阶段,目前对数字贸易行业复合型人才的培养和输出相对滞后,高校向社会培养输送的主流毕业生还是以特定专业的人才为主,与企业所需的复合型人才需求脱节。另外由于杭州市的房价较高等因素,使得工资的增速低于生活成本的增加速度,对人才引进和留住有一定的影响。

二、外籍人才工作便利性需提高

(一) 外籍人才来杭工作的便利性有待提高

据调研,超六成在杭生活的外籍人才表示"出入境不方便"[2]。尤其是在疫情期间,杭州数字贸易企业普遍反映外国专家和外专家属入境办理签证十分困难,流程冗杂且历时久,申请通道经常"堵车",给企业日常运营带来较大影响。并且外国人居留证和就业证要求申请人必须在60岁以下,而永久居留证的申请条件严苛,故超过60岁且未获得永久居留证的外籍人才留杭困难。

(二) 外籍人才在杭生活的便利性尚有提高空间

杭州外籍人才情况大数据分析报告表明,6.3%的外籍人才认为"子女在

---

[1] 刘斯敖、吕宏芬、王君:《数字贸易视阈下对国际商务高技能人才培养的思考》,《商业经济》2020年第11期。

[2] 《杭州海外人才情况大数据分析报告》,《杭州(周刊)》2018年第20期。

杭入学便利性有待提升"①。目前杭州市有 24 所国际学校,包括杭州惠灵顿外籍人才子女学校、杭州国际学校、杭州钱江贝赛思国际学校等,但是针对外籍人才子女就读的学校只有 8 所,并且这些国际学校普遍存在学费较贵、教学质量有待提升、性价比不高的问题,难以满足外籍人才子女就读的需求。外籍人才还面临着薪酬结算复杂、从业领域限制多和居留时限短等问题。由于我国没有实施避免双重国家征税的政策,外籍人才还经常被迫缴纳双重税收。部分在杭工作的外籍人才在申请贷款、办理社保、购置第一套房子时也遇到不少问题。

三、数字贸易国际化程度需提升

杭州举办的国际性数字贸易高端峰会和博览会数量较少。由于杭州市会展中心场馆相对北京、上海等城市较少,2019 年杭州市国际会议数量为 38 个,远低于北京的 91 个和上海的 87 个②,与北京、上海、广州、深圳等城市相比,杭州在举办国际性论坛的参与度和积极性仍有提升的空间,需增加与数字贸易相关的国际性博览会。在鼓励企业和社会组织加强与国际社会交流度方面,上海市成立了企业"走出去"综合服务中心,为企业的跨国活动提供信息服务和金融服务,并且会组织上海市企业统一出国参展,在走访杭州数字贸易企业后发现,杭州企业认为出国参展的渠道还是偏少,在鼓励企业"走出去"方面仍有提升空间。

四、数字贸易供应链服务需加强

杭州在物流枢纽建设方面存在如下问题:一是杭州跨境物流资源不足,缺少直接对外或能够支撑进出口转运的大型港口,缺少国际铁路港。二是空港国际物流功能支撑不足。缺少有影响力的本土航空公司,在争取航空公司国际客运腹舱资源和货机航线网络运力上不具备优势,国际通达性有待提高;国

---

① 《杭州海外人才情况大数据分析报告》,《杭州(周刊)》2018 年第 20 期。
② 《ICCA 公布的 2019 年度全球会议目的地城市国际会议数量排行榜》,见 https://www.iccaworld.org/newsarchives/archivedetails.cfm? id = 2895938。

际全货机航线较少,运力相对薄弱;货站建设与机场保税区布局有待优化,尚未实现一体化发展。三是杭州物流企业集聚优势不足,尤其是服务出口的跨境物流企业。

反观国内物流产业先进发达地区,据《南方日报》报道,深圳集聚了菜鸟网络、递四方(4PX)、顺丰等全国80%的电商物流企业总部;广州空港通过机场综保区及机场口岸建设融合,实现"区港一体化";郑州借力卢森堡"空中丝绸之路"双枢纽合作,构建横跨欧亚美三大经济区、覆盖全球主要经济体的国际货运航线;成都打造"国际铁路第一港",蓉欧专列已成为国内开行数量最多、运行频次最高、辐射区域最广、运输时效最优的中欧班列。杭州应结合自身资源禀赋及发展实际,着力加快推进物流体系建设。

在供应链体系建设方面,浙江位于全国现代供应链创新应用前列,但杭州较一线城市仍有一定距离——不具备北京央企林立的资源基础,缺乏上海跨国企业的国际化供应链布局,与深圳蔚为大观的供应链服务体系相比还有不足。同时,作为电商之都的杭州,需进一步打通直播电商、跨境电商等供应链中的各个环节,真正实现供应链上下游的有效协同。

第四节　杭州数字贸易创新实践和典型案例

一、杭州数字贸易创新实践

(一) 创新优化外汇金融服务

杭州市经济外向度高,服务贸易、跨境电商等新业态发展迅猛,贸易外汇收支笔数多、体量大。为支持涉外经济健康发展,杭州市推进外汇收支便利化改革试点,优化外汇金融服务,便利市场主体外汇结算。采取了服务贸易外汇收支便利化试点、创新"系统直连"跨进电商资金结算模式、推动外贸领域银企精准对接系列创新实践。有效地提高了服务贸易企业收付汇效率,"系统直连"模式有力地支持了中国跨境电商平台"走出去","订单+清单"融资对接机制提升企业融资效率。

(二) 创新数字化在线商事调节模式

围绕建设"数字经济第一城""数字治理第一城",助力一流营商环境建设,杭州市借助大数据赋能商事调解,在城市大脑中枢系统下部署中国(杭州)知识产权·国际商事调解云平台,实现跨时空跨地域知识产权和国际商事纠纷调解"一次不用跑",为数字化手段、非诉讼方式解决知识产权和国际商事纠纷提供杭州方案。通过政企联动、拆调衔接、精准匹配、数字赋能等主要做法,着力解决商事调解体制机制的痛点难点,突破国际商事调解的地域时空限制,有效提升商事调解的智能化水平。

(三) 创新旅游非接触服务

新冠肺炎疫情发生以来,民众出行意愿降低,旅游市场急剧萎缩,行业经历了一场前所未有的寒冬。为应对疫情给文旅行业带来的重大挑战,在平安、健康的环境下推动文旅行业复工复产,杭州市借助"城市大脑"文旅系统,以分时预约、健康码验证等数字化服务助力复工复产,带领文旅企业"率先突围",在全国范围内引领旅游非接触服务的新风尚。杭州实现通过"城市大脑",用数据引导客流管控,以"20秒入园",实现数字赋能景区治理,依托"30秒入住",利用数据协同提升游客体验。

(四) 创新"直播"促进服务贸易发展模式

疫情发生以来,出口风险加剧使得服务贸易企业对出口风险动态评估的需求上升,但大规模聚集性的风险培训和发展研讨模式已不适应疫情防控现实。为做好"六稳"工作,落实"六保"任务,推动杭州市出口在疫情下有序增长,杭州市商务局联合浙江信保营业部从服务"数字贸易"的视角结合地情市情推出"杭城出口风险直播间"(以下简称"直播间"),并运用"直播间"持续"云服务"杭城服务贸易出口企业,创新打造新模式推动杭州市服务贸易等外贸出口企业持续提升风险应对能力和把握机遇抢占市场能力。

(五) 创新区港联动新模式

为贯彻落实国务院"放管服"改革要求,进一步优化营商环境,杭州市将"最多跑一次"改革向公共服务领域延伸,依托杭州综合保税区、杭州萧山国际机场发展优势,打造国内首个设立在综保区内的与机场联动的城市货站,开创航空物流业务新模式。通过简化海关手续,提升通关效能,降低运输成本,全面提升企业竞争力,为高水平开展对外贸易和投资自由化便利化政策创造了良好条件。

(六)　推动海外新媒体平台助力华语影视传播

杭州市不断探索文化贸易创新发展,加快推动中国影视产业出海和影视品牌"走出去"。位于杭州的中国(浙江)影视产业国际合作区是国内唯一一个以国际合作交流为导向的国家级影视产业园区,区内文化出口企业华策影视积极探索开展海外新媒体频道建设,与 YouTube、Viki、Facebook 等平台合作,建立华策 OTT 频道或专区,并在 YouTube 平台上建立了包括阿拉伯语、泰语、法语等在内的多语种频道,获得了较好传播效果。其中,YouTube 平台阿拉伯语频道在各小语种频道中订阅用户最多、增长速度最快。

(七)　数字赋能、改革破题,建设知识产权发展的"重要窗口"

杭州市深入实施创新驱动发展和知识产权强国战略,以实施最严格的知识产权保护、最便捷的知识产权服务为目标,着力打造知识产权发展的"重要窗口"。2019 年,杭州市滨江区大力推进知识产权"一件事"改革,设立了"全门类、全链条、一站式"的知识产权综合服务中心。2020 年以来,杭州市滨江区继续深化改革,通过数字赋能、改革破题构建便民利民的知识产权公共服务体系,从根本上实现由"事"到"制"和"治"的转变。

二、杭州数字贸易创新典型案例

(一)案例一:创新公共服务模式赋能外包企业发展①

杭州不断创新服务外包公共服务模式,到 2020 年年底累计培育建设了各类公共服务平台 31 个,为服务外包企业拓市场、降成本、提实力,发挥了重要作用。

1. 主要做法

(1)引导龙头企业共享资源建平台。根据服务外包发展规划,杭州重点发展数字服务、文化贸易、跨境电子商务服务等产业。首先通过筛选,引导重点行业相关服务外包龙头企业建设公共服务平台;其次平台建成运营后,组织

---

①　此案例数据来自杭州市商务局。

实地考察和专家评审进行认定。近年来围绕重点发展产业,认定了海康威视的视频感知开放平台、华信咨询设计院的 5G 业务创新中心公共服务平台、连连支付的 LianLian Link 跨境电商服务平台、华麦网络的 MegaMedia 影视动漫跨境交易平台等。这些平台发挥了龙头企业的引领作用,实现了资源共享。

（2）围绕解决企业痛点建平台。杭州市在培育公共服务平台时,有计划引导建设方向,重点聚焦解决服务外包企业的痛点、难点、堵点,把平台的开放性、公益性、社会效益等作为认定的重要指标。如海康威视的视频感知开放平台降低以视频为核心的智能物联网建设成本,解决行业应用落地难的问题;华信设计 5G 业务创新中心聚焦提供与商用 5G 网络相同的软硬件环境,为各类服务外包企业提供基于 5G 新技术、新业务、新产品的研发、孵化和入网测试以及专业技术人员培养等;LianLian Link 跨境电商服务平台重点解决中小跨境电商服务企业的供应链管理问题;华麦网络的 MegaMedia 影视动漫跨境交易平台打造"云端"国际交流桥梁,提供国际化、跨时区的线上云对接,重点解决文化创意外包企业国际市场拓展落地问题等。

（3）政企共同出资推动平台建设。服务外包龙头企业被初选为公共服务平台培育单位后,政府在人才引进、税收减免、离岸服务外包奖励等方面给予重点关注和支持,并在公共平台被认定后,根据平台开发的投入给予资金支持。截至 2020 年年底,共投入 4200 余万元,用于资助平台共建。

2. 实践效果

（1）资源得到共享,政企实现共赢。通过搭建公共服务平台,一是推动了龙头企业资源面向产业生态链企业的共享,大大降低了生态企业的投入成本和进入门槛;二是丰富了核心龙头企业的产业生态,巩固了产业生态的稳定性,延伸了产业价值链;三是解决了重点服务外包行业的痛点和堵点,发挥了政府以少量资金撬动企业投入解决公共问题的作用。以海康威视建设的视频感知开放平台为例,2019 年立项到 2020 年年底,平台已上线各类通用 AI 功能 60 余项,平台日均调用次数 6000 万次;累计训练模型超过 1.8 万个,其中垂直行业的碎片化场景模型占模型总数 95% 以上;完成了海思、寒武纪、海光等多种国产芯片的适配开发等;通过平台已落地项目 1330 个。

（2）提升了服务外包产业集聚效应。经过十余年的坚持,公共服务平台从最初的人才培训服务、园区共享服务到如今的创新能力孵化、国际市场拓展等服务,由龙头企业引流带动,通过公共服务平台的建设既降低了中小企业进入门槛,又丰富了以龙头企业为核心的服务外包产业生态。近三年杭州市新增服务外包企业770多家,2020年服务外包在册企业达1792家,大大提升了杭州服务外包产业的集聚度。

(3)推动服务外包规模迅速扩大。自2009年成为服务外包示范城市以来,公共服务平台在开拓国际市场、降低企业成本、提升自主创新能力等方面发挥了重要作用,推动杭州市离岸服务外包规模快速增长。2020年杭州市离岸服务外包合同79.5亿美元,相比成为服务外包示范城市之初的2009年年均增长21.7%。

(二)案例二:构建知识产权的"全链条"式公共服务体系①

围绕创新驱动发展战略,杭州市滨江区构建了知识产权"全链条"式公共服务体系,有力支持数字内容、数字技术等服务外包产业发展。

1. 主要做法

(1)"一体化"服务,推动知识产权创造。一是设立知识产权综合服务中心,面向专利等知识产权全领域,实现跨层级、跨部门、跨门类"一站式"受理。二是搭建"云端办"知识产权公共服务平台,梳理集成知识产权"一件事",涵盖75个事项,让企业"足不出户"就能办理各类知识产权事务。三是多点布局商标品牌指导服务站,为在国家数字服务出口基地物联网产业园等地企业提供知识产权服务。

(2)"多模式"服务,挖掘知识产权价值。一是构建全国产业知识产权数据中台,畅通产业链上下游全球专利和中国企业、工程师等相关数据。二是创新知识产权资本运作模式,探索专利、商标混合质押新方式,扩大质押融资规模。三是创新导航模式,在重点服务外包产业开展专利导航,精准分析全球创新成果,为企业研发赋能。四是建设中国物联网产业知识产权运营中心,打造涵盖物联网产业知识产权的资产托管中心、金融服务中心、投资运营中心、交易中心,以及专利导航服务中心的运营体系。

---

① 此案例数据来自杭州市商务局。

（3）"一张网"服务,强化知识产权保护。一是加强行政保护,协同市场监管局等执法力量,借助中国（杭州）知识产权保护中心的技术支持,以及浙江省知识产权维权援助中心的调解功能,加强案件查处。二是加强司法保护,设立杭州知识产权法庭（滨江）巡回审判庭,筹建白马湖法庭,集聚各类知识产权案件的审理功能。三是加强仲裁调解,设立知识产权纠纷调解委员会,对接杭州仲裁委员会,"一站式"提供调解和仲裁等多元纠纷解决途径。四是加强社会共治,发挥物联网产业知识产权联盟和知识产权服务业联盟作用,并联合公安设立企业刑事合规促进会,加强行业自律。

2. 实践效果

（1）高价值的知识产权不断涌现。截至 2020 年年底滨江区万人发明专利拥有量达 390 件,是全省的 11.4 倍,位居全省第一、全国前列。至今累计获得中国专利奖 59 项,其中金奖 2 项、银奖 4 项。服务外包企业新华三作为国家知识产权示范企业,连续获得第 18、19、20、21 届中国专利奖项。

（2）知识产权融资规模快速增长。2020 年滨江区企业实现知识产权质押融资超过 20 亿元,质押融资额连续 5 年实现约 100% 增长,有力支持了服务外包行业发展。

（3）服务外包规模不断扩大。知识产权创新有力促进滨江区服务外包产业发展,成为杭州服务外包产业的集聚地,引领杭州服务外包不断向高技术、高附加值、高品质和高效益转型升级。2020 年,滨江区离岸服务外包合同执行额 29.7 亿美元,占全市总额的 37.4%。

（4）企业的创新创造力愈发强劲。2020 年滨江区 18 家企业入选浙江创造力百强企业,其中,新华三、宇视科技、海康威视、大华技术、网易（杭州）网络等 5 家服务外包企业位居前十名。

（三）案例三:搭建数字影视跨境交付服务平台[①]

杭州市不断探索中国影视内容跨境交易便利化,加快推动中国影视产业出海和影视品牌"走出去",搭建了国内唯一专注于服务影视文化动漫企业跨境交易及合作的互联网平台——MegaMedia 音视频跨境交付服务平台,为境

[①] 此案例数据来自企业调研。

内外影视、动画等音视频内容提供跨境交易服务，提高国内文创企业接包能力。

1. 主要做法

（1）深化数字技术支撑，构建全面服务体系。平台以基础算法、大数据为支撑，设置项目大厅、企业库、交易市场、商务活动、行业资讯、增值服务六大板块，并针对影视类企业特点，量身打造专属看片库、配对系统、一对一商务洽谈系统、大文件跨境传输等商务配套服务工具，全方面、多元化为影视动漫游戏等数字文化内容提供交易及编译等外包相关服务。

（2）线上线下相结合，丰富平台配套活动。依托 MegaMedia 平台功能，积极采用线上线下结合模式，将线上资源引流至线下活动，并通过线下活动丰富线上资源库。通过在国内举办大型 B2B 商务活动，如中国国际动漫节国际动漫游戏商务大会 iABC、戛纳电视节中国（杭州）国际影视内容高峰论坛等，引入平台海外用户资源，为国内文化企业提供影视内容出海机会。

（3）践行本土化举措，重点开拓国际市场。坚持面向"一带一路"沿线国家和地区的跨境文化交流，积极组织国内影视动漫企业出国参展，并经由市场化操作将国产动漫、影视作品带到"一带一路"沿线国家和地区的主流商业电视台，在埃及设立分支机构，本土化推广中国文化，促进国际文化交流和经济合作。

2. 实践效果

（1）助力国际文化传输，畅通交易渠道。作为中国首个音视频内容跨境交易服务平台，平台集高品质、多功能、可扩展的特点为一体，实现中英文双语全球云同步。如疫情防控期间，开通 MIP China Online，4 天就组织 28 个国家和地区的 225 名代表，横跨 12 个时区开展 1756 场洽谈；通过平台承办 2020 MIP China 戛纳电视节·中国（杭州）国际电视内容高峰论坛，28 个国家和地区 268 家影视公司的 58 位海外买家与中国发行商、制作公司，共进行了线上洽谈 2251 场、达成合作意向 452 个，意向服务出口金额超 4500 万美元。

（2）辐射全球市场，深化文化影视国际合作。截至 2020 年年底，平台拥有来自 36 个国家和地区的 3167 个专业媒体用户，版权出口额近 1000 万美元，超过 5000 多个在线影视样片，内容涵盖动漫、电视剧、电影、纪录片等多方面内容,通过平台达成中外影视合作项目超过 7000 万美元。

(3)搭建跨境文化传播平台,深化国产影视影响力。通过引进、联合打造等形式,举办了诸如 MIP China 戛纳电视节·中国(杭州)国际电视内容高峰论坛、杭州青年影像计划 Youth Image 等高能级会展活动,为国内影视文化企业提升影视编译外包能力、学习国外影视发行制作先进经验、拓宽国际交易合作渠道提供平台,进一步提高了国内影视企业的国际化程度,助力国产影视作品走向世界。

第五节 杭州发展数字贸易的政策建议

在全面深化服务贸易创新发展试点的推动下,杭州数字贸易也迎来更好的发展机遇,为早日建成全球数字贸易交易中心,从政策视角提出以下建议。

一、创新数字贸易政策支持

(一)完善数字贸易顶层设计

借鉴国际、国内数字贸易先进地区的经验,制定出台专项政策性文件。把握跨境电商综试区、自由贸易试验区等国家战略带来的改革创新机遇,借由全面深化服务贸易创新发展试点的工作推进,在现有各级服务外包及服务贸易的各项扶持政策基础上,结合本地实际差异探索,在金融服务、进出口海关、科技创新、人才培训等方面健全支持数字贸易发展制度。加强相关部门协作联动,完善数字贸易发展组织、机制和服务保障。

(二)创新数字贸易发展的财税政策

借鉴国际经验完善数字贸易企业认定、税收、监管等政策,合理确定数字贸易企业划分标准、征税方法和监管制度,加大出口退税力度。落实数字贸易类技术先进型服务企业所得税优惠政策。在服务贸易发展专项资金以及相关资金中开辟对数字贸易企业专项,加大对重点领域项目的扶持力度,提升财政资金支持数字贸易发展的力度与绩效。

二、完善数字贸易促进体系

(一) 加大对市场主体的培育扶持力度

把握杭州打造国家数字服务出口基地的契机,发挥数字服务出口基地——杭州高新区(滨江)等的引领作用。依托科技创新特色和体制机制优势,培育一批以新一代信息技术为核心的数字贸易新业态集聚园区、出口基地,大力推动高端产业集聚、辐射带动作用突出的示范园区建设。加强对初创期数字贸易中小企业的融资支持,切实减轻企业负担。研究出台本市服务出口重点领域指导目录,鼓励新兴数字服务出口和重点数字服务进口,支持企业积极开拓海外数字服务市场。完善出口信用保险体系,降低企业"一带一路"投资风险。

(二) 全面提升公共服务平台功能和服务能力

加大公共服务平台建设力度,创新公共平台服务,加快构建资源集聚、重点突出、统一高效的公共服务体系。完善优化知识产权、金融服务等公共服务平台功能,培育一批数字化制造外包平台。借助已有的中国(杭州)知识产权·国际商事调解云平台等工作载体,加快知识产权国际布局,探索建立针对海外知识产权风险和纠纷的快速应对机制,支持数字企业申请海外专利,为数字贸易企业提供海外知识产权信息、预警及维权援助等综合服务。加强数字贸易园区的创新平台、创客空间、孵化器等建设。发挥平台公共服务效用,从技术开发、市场拓展、人才培训等帮助企业降低负担。

(三) 进一步提升数字贸易自由化和便利化水平

借助服务贸易外汇收支便利化试点,鼓励本市银行机构和支付机构优化跨境支付服务,推进数字贸易相关资金跨境进出便利。推动数字营商环境便利化,深化"最多跑一次"改革,进一步优化数字贸易发展生态。加快智慧海关建设,整合与共享海关服务与数据资源,提升数字化、智能化水平,持续推动数字化服务贸易相关的海关监管便利化改革。探索跨境数字贸易市场准入负面清单制度,探索在自贸试验区开放数字产品有关服务,如同意外国数字服务提供商在试验区采用商业存在的模式进入中国市场。清理现有的各类数字贸易壁垒及限制措施,大幅提高对外开放、提升便利化水平。

三、聚焦打造数字人才高地

（一）创建国际人才集聚高地

搭建人才服务平台,创造国际一流营商环境和人才生活配套条件,加快建设杭港青年梦工场、杭港 K9 学校、国际人才交流和服务中心、望江未来社区等六大重点项目,为海外高层次人才落户提供"一站式"创业服务、家庭生活配套、子女教育支持和圈层交流场所,打造杭州海外人才创新创业及交流合作高地。

（二）持续推进人才生态优化

加强国际人才创业创新园、国际人力资源产业园建设,探索与数字经济、数字贸易相适应的灵活就业制度与政策。深化出入境管理、外国人管理服务等领域改革,提升境内外人员流动便利化水平。不断完善外籍人才签证、居留便利化政策,推动境外专业人才资质互认,为外籍人才在华工作等提供便利。搭建人才服务平台,为海外高层次人才落户提供精准高效的"一站式"服务,创建国际人才集聚高地。

（三）创新数字贸易人才培养机制

推动"名校名院名所"工程深入实施,优化中外合作、加强政校企合作。鼓励在杭高校通过中外合作、校企合作等方式,增设数字贸易相关专业或课程,加大信息经济、跨境电商、数字金融、智能制造等关键性领域的新业态人才培养力度。鼓励各类市场主体加大人才培训力度,通过认定和扶持一批数字贸易培训基地和实训基地,建设一支高素质、专业化的人才队伍。建设健全社会和企业培训体系,提高数字贸易人才供给能力。

四、夯实数字贸易发展基础

（一）立足优势特色打造世界级产业集群

依托杭州国家创新型产业集群试点(数字安防产业),重点推动各类基于物联网的集成创新和应用服务,打造世界级数字安防产业集群和工业互联网产业集群。依托信息技术服务、生物医药两大国家战略性新兴产业集群,持续推进信息软件、云计算与大数据、人工智能、电子商务、数字内容等核心产业发展。充分发挥杭州国际级软件名城、国家新一代人工智能创新发展试验区、全国云计算之城等数字经济品牌效应,积极打造具有国际影响力的数字产业集群,不断提升数字产业化的全国引领地位。

（二）增强数字技术融合　促数字贸易新业态发展

增强数字技术与产业、贸易的融合能力,通过产业数字化、数字产业化拓宽数字贸易空间。推动数字技术与实体经济深度融合,增强对制造业创新和价值链升级的支撑能力。发挥电子商务等核心产业优势,充分利用大数据、云计算、人工智能、区块链等数字技术提升贸易效率,带动相关的金融、保险、结算、电子商务、供应链管理等数字服务出口。提升教育、医疗、娱乐、出版等领域的远程服务能力,做大做强数字服务产业。

（三）引导服务贸易企业数字化转型

伴随5G、物联网、人工智能、云计算等新技术、新业态的快速发展,服务贸易企业的服务能力和水平不断提升,逐步向数字服务提供商转型。要引导和支持企业提高网络化、智能化水平,着重推进数字化创新,提升企业的运营效率和核心竞争力。鼓励政企合作,支持民营科技企业承担政府科研项目和创新平台建设,将更多资源投入技术平台开发及云计算、人工智能、区块链等新技术应用中。建立健全数字中台服务体系,为缺乏数字基础设施的企业提供数字化转型工具。

（本章执笔人:陈永强　徐意　张昕钰　陈如意）

参 考 文 献

[1]蔡华锋、郑洁琳:《"2020 广州文化企业 30 强"系列榜单出炉》,《南方日报》2020 年 11 月 23 日。

[2]曹淼孙:《我国数字贸易发展:现状、挑战与策略研究》,《西南金融》2020 年第 1 期。

[3]钞小静、薛志欣、孙艺鸣:《新型数字基础设施如何影响对外贸易升级——来自中国地级及以上城市的经验证据》,《经济科学》2020 年第 3 期。

[4]陈维涛、朱柿颖:《数字贸易理论与规则研究进展》,《经济学动态》2019 年第 9 期。

[5]陈志成:《上海数字经济发展策略》,《科学发展》2020 年第 7 期。

[6]段平方、候淑娟:《基于美式模板和欧式模板下中国数字贸易规则体系的构建》,《南华大学学报(社会科学版)》2019 年第 5 期。

[7]方元欣:《对我国数字贸易发展情况的探索性分析——基于 OECD-WTO 概念框架与指标体系》,《海关与经贸研究》2020 年第 4 期。

[8]韩剑、蔡继伟、许亚云:《数字贸易谈判与规则竞争——基于区域贸易协定文本量化的研究》,《中国工业经济》2019 年第 11 期。

[9]黄舒旻:《跨境电商"广州速度"是如何练成的》,《南方日报》2020 年 7 月 14 日。

[10]黄依珊、王舒晴、钱晨:《长三角地区数字贸易发展比较与建议》,《北方经贸》2021 年第 3 期。

[11]蓝庆新、窦凯:《美欧日数字贸易的内涵演变、发展趋势及中国策略》,《国际贸易》2019 年第 6 期。

［12］李钢、张琦：《对我国发展数字贸易的思考》，《国际经济合作》2020年第1期。

［13］李鹏程：《广州点燃经济增长"数字引擎"》，《南方日报》2020年10月30日。

［14］李轩、李珮萍：《数字贸易理论发展研究述评》，《江汉大学学报（社会科学版）》2020年第5期。

［15］李杨、蔡春林：《中国服务贸易发展影响因素的实证分析》，《国际贸易问题》2008年第5期。

［16］李忠民、周维颖、田仲他：《数字贸易：发展态势、影响及对策》，《国际经济评论》2014年第6期。

［17］刘钒、马祎：《数字经济引领高质量发展研究述评》，《社会科学动态》2019年第12期。

［18］刘毅群、章昊渊、吴硕伟：《美欧数字贸易规则的新主张及其对中国的启示》，《学习与实践》2020年第6期。

［19］陆菁、傅诺：《全球数字贸易崛起：发展格局与影响因素分析》，《社会科学战线》2018年第11期。

［20］马述忠、沈雨婷：《宽口径理解数字贸易的优势》，《中国社会科学报》2020年11月25日。

［21］马述忠、房超、梁银锋：《数字贸易及其时代价值与研究展望》，《国际贸易问题》2018年第10期。

［22］马新明：《地方政府海外人才引进政策的成效与改善》，浙江大学硕士学位论文，2015年。

［23］孟妮：《广州天河CBD：翻开数字服务出口新篇章》，《国际商报》2020年10月19日。

［24］盛斌、高疆：《超越传统贸易：数字贸易的内涵、特征与影响》，《国外社会科学》2020年第4期。

［25］李俊、李西林、崔艳新：《全球服务贸易发展指数报告（2018）》，社会科学文献出版社2018年版。

［26］申卉、方晴：《1800亿元投资发力数字新基建》，《广州日报》2020年

5 月 9 日。

[27]王拓:《数字服务贸易及相关政策比较研究》,《国际贸易》2019 年第 9 期。

[28]王晓红、朱福林、夏友仁:《"十三五"时期中国数字服务贸易发展及"十四五"展望》,《首都经济贸易大学学报》2020 年第 6 期。

[29]王雨阳:《浙江:"一号工程"数字经济占比达四成》,《中国工业报》2019 年 7 月 15 日。

[30]魏蔚:《直播鼻祖变形记:剥离虎牙 BIGO 挑大梁》,《北京商报》2020 年 8 月 14 日。

[31]谢兰兰:《欧盟数字贸易发展的新动向及展望》,《全球化》2020 年第 6 期。

[32]谢谦、姚博、刘洪愧:《数字贸易政策国际比较、发展趋势及启示》,《技术经济》2020 年第 7 期。

[33]谢若琳、林娉莹:《虎牙直播去年营收近 47 亿元 持续加码电竞与海外战略布局》,《证券日报》2019 年 3 月 6 日。

[34]徐金海、夏杰长:《全球价值链视角的数字贸易发展:战略定位与中国路径》,《改革》2020 年第 5 期。

[35]郑安琪、汪明珠、姜颖:《中国区域和城市数字经济竞争力评价及发展路径》,《新经济导刊》2021 年第 1 期。

[36]周念利、陈寰琦:《数字贸易规则"欧式模板"的典型特征及发展趋向》,《国际贸易探索》2018 年第 3 期。

[37]张媚、应源、季一扬、滕维佳:《打造国际一流营商环境的杭州实践》,《浙江经济》2020 年第 12 期。

[38]张群、周丹、吴石磊:《我国数字贸易发展的态势、问题及对策研究》,《经济纵横》2020 年第 2 期。

[39]朱伟良:《农民有了"千里眼"和"听诊器"》,《南方日报》2021 年 3 月 19 日。

[40]赵义怀:《上海数字经济发展的现实基础、未来思路及举措建议》,《科学发展》2020 年第 4 期。

［41］中国商务部:《中国数字服务贸易发展报告 2018》,2019 年。

［42］中国信息通信研究院:《数字贸易发展白皮书(2020 年)》,2020 年。

［43］中国信息通信研究院:《中国区域与城市数字经济发展报告(2020年)》,2020 年。

［44］郑伟、钊阳:《数字贸易:国际趋势及我国发展路径研究》,《国际贸易》2020 年第 4 期。

［45］《工业互联网加快发展,制造业数字化转型提速在即》,《电气技术》2020 年第 4 期。

［46］《杭州海外人才情况大数据分析报告》,《杭州(周刊)》2018 年第20 期。

［47］Abeliansky, A. L., Hilbert, M., "Digital Technology and International Trade: Is it the Quantity of Subscriptions or the Quality of Data Speed that Matters?", *Telecommunications Policy*, Vol.56, No.1, 2016.

［48］Ahmad, N., Schreyer, P., "Are GDP and Productivity Measures Up to the Challenges of the Digital Economy", *International Productivity Monitor*, Vol.24, No.30, 2016.

［49］Diewert, E., Fox, K. J., "Productivity Indexes and National Statistics: Theory, Methods and Challenges", *Microeconomics.ca Working Papers*, 2019.

［50］Joshua P. Meltzer, "Governing Digital Trade", *World Trade Review*, Vol. 18, No.S1, 2019.

［51］Weber, R. H., "Digital Trade in WTO‐law‐taking Stock and Look Ahead", *Asian Journal of WTO & International Health Law and Policy*, Vol.2, No. 5, 2010.

责任编辑:孟　雪
封面设计:刘　哲
责任校对:吕　飞

图书在版编目(CIP)数据

我国数字贸易发展现状及对策研究/林吉双等 著. —北京:人民出版社,2021.12
ISBN 978－7－01－023841－8

Ⅰ.①我… Ⅱ.①林… Ⅲ.①国际贸易-电子商务-研究-中国 Ⅳ.①F752.6

中国版本图书馆 CIP 数据核字(2021)第 204190 号

我国数字贸易发展现状及对策研究
WOGUO SHUZI MAOYI FAZHAN XIANZHUANG JI DUICE YANJIU

林吉双　孙波　陈和 等　著

人 民 出 版 社 出版发行
(100706　北京市东城区隆福寺街 99 号)

北京汇林印务有限公司印刷　新华书店经销

2021 年 12 月第 1 版　2021 年 12 月北京第 1 次印刷
开本:710 毫米×1000 毫米 1/16　印张:14
字数:214 千字

ISBN 978－7－01－023841－8　定价:49.00 元

邮购地址 100706　北京市东城区隆福寺街 99 号
人民东方图书销售中心　电话 (010)65250042　65289539